【FXキャリーヘッジトレードでシステム売買】

為替
サヤ取り入門

Spread
株式会社スプレッド
小澤政太郎【著】

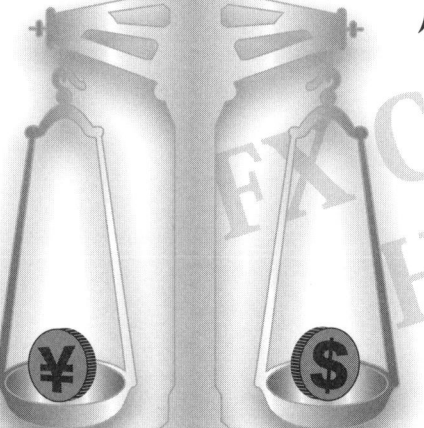

Pan Rolling

はじめに

　「FX（外国為替証拠金もしくは保証金）取引で**安定的に利益を出すことは可能か？**」という問いに対し、私は自信を持って答えます。
　「**可能である**」
　本書は、私がこのような自信を持つまでに至ったFX投資法について解説したものです。これから紹介するこのFX投資法は、おそらく**他に類を見ないようなアプローチ**から分析された手法でしょう。
　私はこの手法を「**FX Carry Hedge Trade**＝FXキャリー・ヘッジ・トレード」と名づけ、専用の分析ツールも開発しています。ぜひ、この**FX Carry Hedge Trade**のことを多くの方に知っていただきたいと思い、ペンを執りました。

投資の不思議

　私は大学生のときに公認会計士の第二次試験に合格し、卒業してからは会計事務所や監査法人で、主にIPO（新規株式公開）にかかわる業務に携わっていました。専門にIPO業務を選んだのは、しばらく修行を積んでからITベンチャー企業にIPOのプロジェクトリーダーとして入社し、がっぽりストックオプションや公開前の株式割当などで稼ぎたい、という目標があったからです。
　そんな折、あるゲームソフトメーカーの社長と知り合う機会があり、「公開準備に入るのでIPOプロジェクトのリーダーとして来てもらえないか？」という話をいただきました。私にとってはまさに「渡りに船」。二つ返事で、その会社に転職しました。
　そして入社から1年ほどたったころ、ある程度会社の業績も順調に推移し、公開業務も円滑に進んだため、公開予定日が決まりました。2001年9月下旬です。
　そう、2001年9月といえば、ニューヨークの世界貿易センタービルに旅客機が突っ込んだ、思い出すのも忌まわしい「同時多発テロ事件」が起こったときです。テロ事件が起こった9月11日はブックビルディング（公募株を買い付ける申込）の真っ最中。そのような世界的大事件が起こっているときにブックビルディングに応募する人はなく、ほとんど申込がありませんでした。私たちは9月公開を断念し、予定を延期せざるを得なくなります。
　結局、翌年1月に公開を果たしたのですが、そのときは別の意味で尋常ではありませんでした。公募・売出株式数の「100倍超」と

図　FX Carry Hedge Tradeのウェブ画面（http://carry-trade.com）

いう、とてつもない数の申込があったのです。1株当たり60万円ちょっとだった公募価格は、公開初日の初値で150万円を上回る価格をつけました。

　このとき私はつくづく実感したのです。「相場というものはワケが分からないものだなあ……」

　全く同じ会社の株式です。ところが、たかだか4カ月の違いで、ブックが積みあがらず、値段もつかないときもあれば、公募・売出株式数の100倍を超える申込があり、公開初日で公募価格の3倍近くの値段がつくときもある……。

これが初めて「相場」に興味を持ったきっかけです。このときから真剣に投資の研究を始めました。

FXとの出会い

最初に関心を持ったのは個別株でした。しかし、あまりにも銘柄数が膨大なためくじけてしまい、日経225株価指数（日経平均）に連動する投資信託や日経225株価指数先物を研究するようになりました。

日経225株価指数には、先物だけでなく、オプションもあります。どちらもレバレッジ（テコ効果のこと、後ほど解説します）が非常に高いため、まさにハイリスクならではの「手に汗握る」経験をしたこともあり、一時期かなり熱心に売買をしていました。興味が講じて、日経225先物・オプションのトレーダーであるTさんに監修をしていただき、「SimpleChart」というソフトを制作してしまったほどです（この「SimpleChart」は我ながら良い出来栄えだと思っています。一般にも販売しておりますので、ご興味がありましたらホームページ「http://simple-chart.com」をのぞいてみてください）。

投資に対する私の興味は募る一方で、ついには2004年、投資に関するビジネスを展開しようと、株式公開を果たしたゲームソフトメーカーを辞め、新しく自分の会社を興しました。今後、日本では所得格差が確実に開いていくことでしょう。「近い将来、日本の全人口の1％は年収1億円以上だが、99％は年収300万円以下になる」

はじめに

と主張されている方もいるくらいです。そこまで極端になるかは分からないにしても、所得格差が開いていくのは間違いないと確信しています。

　所得の少ない方たちが生活に追われ、資本主義経済の根幹を支える金融市場から身を引いてしまうのは、非常に好ましくない状況であると考えています。金額的な市場規模も重要ですが、参加者の絶対数も市場の適正化に大きく役立つと信じているからです。私はビジネスを通じて、金融市場への参加者を増やし、金融市場の適正化を促す一方で、所得の少ない方たちが金融市場を通して勝ち組に転

換していけるようなお手伝いをしていきたいと考えています。

　さて、こうして起業したときに目に入ったのがFX取引でした（「なぜFXなのか？」は本論で述べたいと思います）。そしてFXをいろいろな角度から研究しているうちに、かなりの好成績が期待できる投資手法「FX Carry Hedge Trade」を生み出したわけです。

　FX Carry Hedge Tradeによる投資は、正直なところ、先ほど述べた先物やオプションのように手に汗握る投資と比較すると「面白み」には欠けています。しかし、より安定的な利益を期待することが可能です。自分ではかなりの大発見だと思っています。

　FX Carry Hedge Tradeによる投資手法を簡単に実践するため、専用のシステムも開発しました。もともとは自分たちで利用するために作ったものですが、現在では一般にも販売しております（http://carry-trade.com）。

　ただし、本書を通読していただき、FX Carry Hedge Tradeに関しての理解を深めていただければ、このシステムを利用しなくても実践は十分可能です。本書には、FX Carry Hedge Tradeシステムの画面写真が多く出てきますが、これはできるだけ分かりやすく解説をするために使用しているにすぎません（もちろん、開発者の自負として、専用システムを利用していただいたほうが、分析作業が随分楽になるので、利用料金分の価値は十分にあるはずと確信しています）。

　正直なところ、私はどちらかというと「投資センス」に欠けているように思います。しかし、そのような私でさえ、FX Carry Hedge Tradeを実践してからは、**損失を最小限に抑えながら利益を**

積み重ねられるようになりました。したがって、投資センスのある方が本書の内容を参考にしていただければ、相当な利回りでの運用ができるはずです。

　FX Carry Hedge Tradeとは、為替の相関関係を利用して「スワップ金利」だけではなく「為替のサヤ」も狙っていく投資手法です。これだけの説明では、初心者の方には、なにやらさっぱり分からないかもしれません。しかし、FX取引の基本から丁寧に解説していきますので、FX取引が初めての方でも十分理解できる内容になっていると思います。どうぞ最後までお読みください。

目次

はじめに 1
　投資の不思議 2
　FXとの出会い 4

第1章　FX取引とは

1．FX取引のポイント 14
　①レバレッジ 14
　②リスク管理 16
　③略称 22

2．FX取引の優位性とは 23
　①レバレッジの高さ 24
　②スワップ金利 24
　③「買い」だけではなく「売り」からも入れる 25
　④投資対象が多すぎない 26
　⑤取引時間 26
　⑥高い流動性 27

3．FX Carry Hedge Trade 31
　通貨ペアという考え方 31
　金利差×レバレッジがスワップ金利 32
　FX Carry Hedge Tradeの出発点 34

CONTENTS

第2章　通貨ペアの相関関係

相関関係とは …………………………………………………… 40
相関係数 ………………………………………………………… 42
相関関係でリスクヘッジ ……………………………………… 45
急いては事を仕損じる ………………………………………… 48

第3章　FX Carry Hedge Tradeの骨子

1．順位相関の検証 …………………………………………… 52
　①理想的なケース …………………………………………… 52
　②悪夢のケース ……………………………………………… 57
　③日本円が軸にならない場合 ……………………………… 61
　④JPY換算のケース ………………………………………… 66

2．逆相関の検証 ……………………………………………… 72

3．FX Carry Hedge Tradeの骨子 ………………………… 75
　休むも相場 …………………………………………………… 77

目次

第4章　スプレッドのテクニカル分析

1．テクニカル分析とは …………………………………… 80

2．単純移動平均線 ………………………………………… 82
　単純移動平均線とは …………………………………… 82
　SMAのクロス戦略 ……………………………………… 85
　SMAクロス戦略の検証例 ……………………………… 87
　SMAとの乖離戦略の検証例 …………………………… 89

3．指数平滑平均線 ………………………………………… 92
　指数平滑平均線とは …………………………………… 92
　MACDの基本 …………………………………………… 94

4．ボリンジャー・バンド ………………………………… 95
　ボリンジャー・バンドとは …………………………… 95
　バンドの使い方 ………………………………………… 98
　バンドで逆相関を検証 ………………………………… 100

5．ストキャスティックス ………………………………… 103
　ストキャスティックスとは …………………………… 103
　ファストとスローのタイミング ……………………… 108
　％Dのタイミング ……………………………………… 112

CONTENTS

6．乖離率 ———— 115
乖離率とは ———— 115
乖離率を使ったトレード例 ———— 116
どこかで見たような分析手法 ———— 119

7．MACD ———— 122
MACDとは ———— 122
MACDの効果的利用例 ———— 124

8．RSI ———— 127
RSIとは ———— 127
RSIの検証例 ———— 130

9．テクニカル指標の組み合わせ ———— 133
指標を補完する ———— 133
組み合わせのコツ ———— 134

10．損切りの重要性 ———— 136
見切り千両 ———— 136
逆張りと順張り ———— 137
具体的な方法 ———— 140

目次

第5章　FX Carry Hedge Tradeを実践するにあたってのまとめ

- ①通貨ペア間の相関関係を調べる …………………… 144
- ②標準偏差を調べる ……………………………………… 147
- ③スワップ金利を調べる ………………………………… 148
- ④スプレッドを分析する ………………………………… 148
- ⑤分析に基づき速やかに仕掛け、
  手仕舞いを執行する ………………………………… 149

おわりに ……………………………………………………… 151

資料

1．順位相関通貨ペア
- ①月別スプレッド推移表（1999年1月〜2006年5月）…… 154
- ②月別標準偏差表（1999年5月〜2006年5月）…………… 165

2．逆相関通貨ペア
- ①月別スプレッド推移表（1999年1月〜2006年5月）…… 175
- ②月別標準偏差表（1999年5月〜2006年5月）…………… 181

第1章

FX取引とは

1．FX取引のポイント

①レバレッジ

　FX取引とは、外国為替証拠金（保証金）取引の通称です。この金融商品では、一定の「証拠金」を担保に、その証拠金の何十倍もの額の外国通貨（例えば米ドルやユーロなど）を取引することが可能になります。

　FX取引の定義で最も重要なポイントは、この**「証拠金の何十倍もの取引ができる」**ところです。個別株の取引に「信用取引」という手法がありますが、基本的な仕組みはこの信用取引と同様になります。ただし、個別株の信用取引の場合、差し入れた証拠金の3倍程度の取引しかできません。ところが、FXの場合（取り扱っている業者で異なりますが）一般的には証拠金の20倍、業者によっては50倍や100倍もの取引ができるところもあるのです。

　元本の何倍で取引ができるかについては、通常「レバレッジX倍で取引できる」という表現をします。先ほどの例を「レバレッジ」という言葉を用いて表現すると**「個別株の信用取引ではレバレッジが約3倍だが、FXではレバレッジが20倍、50倍、100倍で取引で**

【レバレッジ】
　「レバレッジ＝leverage」には、テコ（梃子）という意味があります。テコを使えば、小さな力でその力の何倍も重いものを持ち上げたり、動かしたりできます。まさに少ない元本（小さな力）で、大きな額の取引ができる（重いものを動かせる）ので、そのような呼び方をされているわけです。
　また、企業間のM&A（買収と合併）に「レバレッジド・バイ・アウト＝LBO」という手法があります。ここで使われている「レバレッジド」(leveraged) という言葉はレバレッジの形容詞であり、意味合いとしては同じです。LBOとは、買収を予定している企業を担保に借入をすることで、自己資金をほとんど使わずに（小さな力で）自己資金の何倍、何十倍も価値がある企業を買収する手法のことを意味します。
　普通の思考回路で考えると、LBOは買収しようとする企業を担保に入れて資金を借りるわけですから、友好的買収にしか利用できない、つまり被買収側企業の了解がなければできない、と考えるのが普通ですが、実はこのLBO、敵対的買収でも利用されます。借りるほうも借りるほうですが、貸すほうも貸すほうです。

きる」という表現になるわけです。
　レバレッジ20倍で具体的な取引例を考えてみましょう。例えば、2006年4月11日の米ドルの円レートは約118.5円でした。普通に

1万米ドルを購入しようとすれば、118.5円×1万ドル＝118万5000円が必要となります。しかし、レバレッジ20倍のFX取引では、118万5000円÷20＝5万9250円を証拠金として差し入れておけば、1万米ドルの取引ができるのです。

　一見するとレバレッジが高いほうが有利と感じるかもしれません。しかし、レバレッジが高いということは、少ない元本で大きな利益を得られる機会がある反面、大きな損失を被る可能性もあることを示唆しています。だからこそ「**十分なリスク管理**」をする必要性があるのです（18ページ『レバレッジの考え方』参照）。

②リスク管理

損切り

　リスク管理のなかで最も重要なことは「**損切り**」です。一流のトレーダーであっても"100戦100勝"はまずあり得ません。もちろん、**FX Carry Hedge Trade**も例外ではありません。投資を続けていれば「必ず」と言ってよいくらい、どこかで損失を被ることがあります。

　あらかじめ損切りのルールを決めておき、そのルールに抵触したときに必ず機械的に手仕舞い（損切り）をできない人は、投資で安定的に利益を出していくことは難しいでしょう。損切りの重要性については後ほど具体的に説明しますが、**損切りが非常に重要ということは、今のうちから認識**しておいてください。

【FX市場の全貌】

　通常、株式や債券市場と言えば、日本ならば「東京証券取引所」や「大阪証券取引所」、アメリカならば「ニューヨーク証券取引所」や「シカゴ・マーカンタイル市場」「シカゴ・ボード・オブ・トレード」など、具体的な取引所で運営される市場を指します。「取引所」という現実に存在する場所や施設で売買が「集中的」にされることによって、株式や債券などの価格が決定されていくわけです。

　一方、FXでは世界各国の大手銀行をはじめとする機関投資家と呼ばれる人たちが、コンピュータ端末や電話を用いて、お互いに取引する「ネットワーク」が市場となります。確かに「くりっく365」は東京金融先物取引所が運営する取引所為替証拠金取引です。しかし、くりっく365でマーケットメーカーが表示する価格は、その「ネットワーク」を反映したものにすぎません。

　銀行間同士での取引が多いことから、このようなFXのネットワーク市場のことを「インターバンク市場」と呼んでいます。インターバンク市場では、ある一カ所で集中的に取引があるわけではなく、世界中で取引があるため、同じ通貨ペアのレートであっても、異なるケースが発生します。FX業者が提示しているレートとテレビのニュース番組で報じられているレートが異なることがあるのも、為替レートがインターバンク市場で形成されているためです。したがって、テレビのニュースだけではなく、FX業者の間でも同じ通貨ペアのレートが異なることは、特に珍しいことではありません。

レバレッジの考え方（長所と短所）

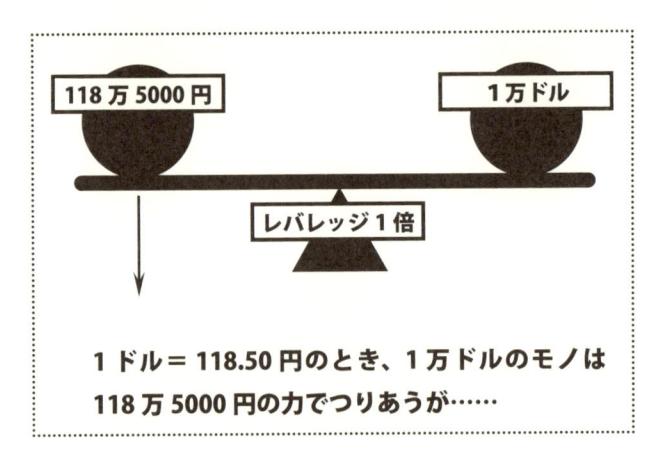

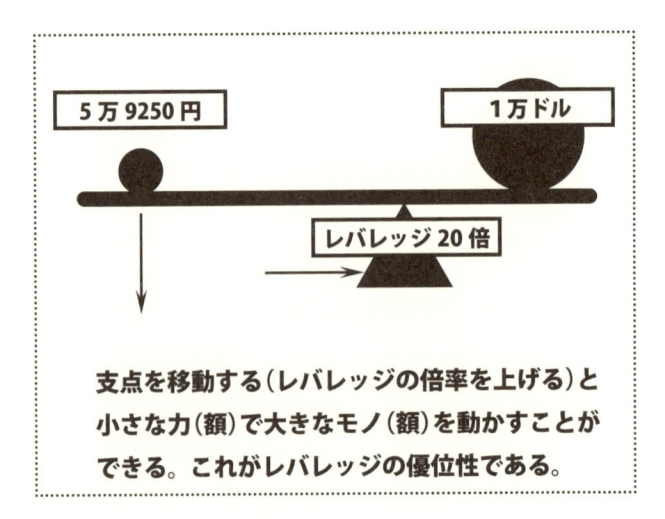

| 118万5000円 | 1万ドル |

レバレッジ1倍

1ドル＝118.50円のとき、1万ドルのモノは118万5000円の力でつりあうが……

| 5万9250円 | 1万ドル |

レバレッジ20倍

支点を移動する（レバレッジの倍率を上げる）と小さな力（額）で大きなモノ（額）を動かすことができる。これがレバレッジの優位性である。

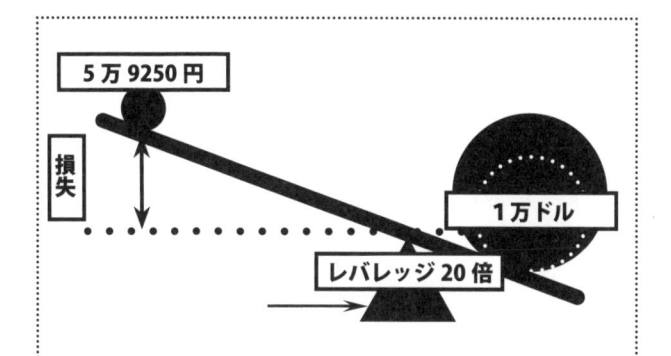

ところが、動かそうとしているモノが重くなるほど（自分の思惑とは逆に相場が動くほど）、そして与えていた力が小さいほど、損失が広がりやすい。これがレバレッジのリスク性である。

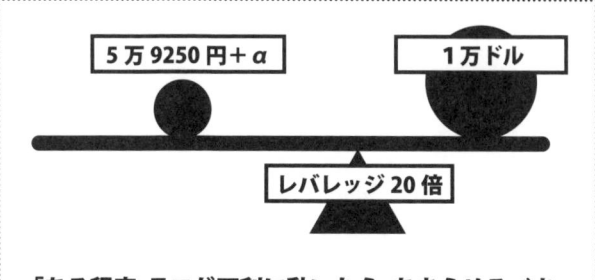

「ある程度」テコが不利に動いたら、あきらめるべきだし（損切り）、最初から余裕資金でバランスをとるのもひとつの策である。この「さじ加減」を一般的に「リスク管理」「資金管理」と呼ぶ。こうした管理能力はトレードで大成するために欠かせない要素である。

資金管理

また、リスク管理上もうひとつ重要なことは「**資金管理**」です。FX取引を始めるには、FX業者に口座を開設し、そこに資金を預託するわけですが、投入している資金（使用可能証拠金）と必要証拠金の**バランスをよく考えてポジションを持つ**ことが重要となります。

例えば、口座に100万円の資金を預託したとしましょう。これが「投入している資金（使用可能証拠金）」です。そこからドル円（USD/JPY）を１万通貨単位購入し、ドル円買いのポジションをとったとします（専門用語については、後ほど詳しく説明しますので、ここではさらっと読み飛ばしてください）。

このとき必要証拠金は、先ほど計算した結果に基づけば５万9250円となります。したがって「投入している資金と必要証拠金のバランス」は、100万円対５万9250円です。

レバレッジの高い取引をしているとき、預託資金をすべて必要証拠金に使い切ってポジションを持つ（いわゆる満玉を張る）ことは「**決してやってはいけない**」ことです。どの程度の余裕を持つかは、状況や性格、手法などにより差があるため、一概には言えません。しかし、FX取引に関して言えば、口座資金の50％前後、多くても60％を超えて必要証拠金にあてなければならないようなポジションを持つことは決してお勧めできません。

追加証拠金

必要証拠金が預託資金を上回ってしまうと「追加証拠金」(通称：追証＝おいしょう、マージンコール）と言われる状況に陥ってしま

います。追証がかかると、必要証拠金と預託資金の差額が不足となるわけですから、通常の場合、追証が生じた日の翌々日の正午までにFX業者にその差額を差し入れないと、現在のポジションが強制決済されてしまう事態に陥ります（FX会社によっては預託資金を上回った時点で自動決済してしまうところもあります）。

　追証が生じるような事態はできるだけ避けなければなりません。リスク管理を徹底していれば、追証が発生することはまずないと思います（現実的に私には追証のかかった経験が一度もありません）。何度も追証が発生するような投資方法では、まず利益は上がらないでしょう。つまり、そのような場合、自分の投資方法を見直す必要が「絶対に」あります。

【FX取引のポイント】
FXはレバレッジ取引なので資金効率は良い
反面、リスク管理が重要になる
　・前もって決めておいた損切りを順守する
　・必要証拠金にあてる割合を決めておく
　・追証が発生するような事態はできるだけ避ける

③略称

ご承知のように、外国通貨には米ドルやユーロなど、いろいろな単位があります。FX取引では、こうした通貨単位は略称で表現されることがほとんどです。よく利用される通貨の略称を紹介しましょう。

```
AUD…オーストラリアドル（豪ドル）
CAD…カナダドル
CHF…スイスフラン
EUR…ユーロ
GBP…イギリスポンド（英ポンド）
JPY…日本円
NZD…ニュージーランドドル（NZドル）
USD…アメリカドル（米ドル）
```

慣れていただく意味でも、本書ではこの略称を用います。よく覚えておいてください。

2．FX取引の優位性とは

　現在「株投資ブーム」と言われ、いわゆる「ネット証券」と呼ばれる証券会社の口座開設数や収益は、うなぎのぼりの様相を呈しています。これは、今まで投資をしたことがない、あるいはほとんどやったことがない多くの個人が個別株の取引を始めたことが主な原因のようです。

　私もそうでしたが、相場に興味を持った人が最初に入るのは、ほとんどの場合「個別株」です。私は個別株が悪いとは思いませんし、実際に個別株で利益を上げ続けている投資家を知っています。しかし、「**FXという投資手段があり、それが個別株投資と比較してどのような優位性があるか知っているが、それでもあえて個別株に投資している**」という株式投資家がどれだけいらっしゃるのか疑問に思うわけです。

　個別株しか投資経験のない方には、ぜひこれから列挙する「個別株取引に対するFX取引の優位性」について認識していただきたいと思います。その上で限られた資金をどのように運用していくのか、ご一考いただければ幸いです。

①レバレッジの高さ

　先ほども触れましたが、個別株の取引に比べてFX取引のレバレッジは圧倒的に高いことがほとんどです。しかも個別株の信用取引の口座を開設するには、4000円の収入印紙を購入し、証券会社の信用口座開設用の書類に張らなければなりません。
　収入印紙4000円にこだわるのも「くだらない話」と言えば、そうかもしれません。しかし、収入印紙は「印紙税」と呼ばれる税金の一種であり、税金に思うところがある私としては、どうしてもこだわってしまう部分です。
　FX取引では、その口座を開設する業者によって多少の相違点はありますが、レバレッジ20倍程度は当たり前です。しかも、口座を開設するときに収入印紙を購入する必要もありません。
　ただし、収入印紙以上にこだわらなければならないのがリスク管理です。レバレッジが高いほど、リスク管理を徹底する必要があります。

②スワップ金利

　スワップ（SWAP）金利については、後ほどさらに詳しく説明しますが、まずは概略を紹介しましょう。
　FX取引では、金利の安い国の通貨で金利の高い国の通貨を購入すると、その差額を「スワップ金利」として毎日受け取れるという仕組みがあります。ただし、逆に金利の高い国の通貨で金利の安い

国の通貨を購入した場合、スワップ金利を支払わなくてはなりません。スワップ金利は必ず受け取れるというものではないので、ご注意ください。

　受取という意味で、個別株でスワップ金利に当たると考えられるものとして配当金があります。しかし、個別株の配当金は、会社の業績や経営方針によっては無配になる可能性がありますし、年に多くて2回の支払しかありません。一方、スワップ金利は短期的にゼロになることがなく、また毎日発生します。個別株の配当金と比較すると優位性があると言えます。

　しかも日本の個別株の配当金の元本投資効率は、非常に悪いのが一般的です。例えば、1株の購入金額が30万円のA社の配当が、その1％の3000円というケースも頻繁にあります。それどころか1％を割るケースさえ見られるのです。

　一方、スワップ金利はレバレッジが働くことで元本投資効率が良くなります。その投資効率は**年100％を超える**ことも珍しくありません。

③「買い」だけではなく「売り」からも入れる

　個別株でも信用口座を開設している場合、売りから入ることもできます。いわゆる空売りです。しかし、売れる銘柄が限られていますし、株を借りるコストや執行価格に規制があります。

　一方、FX取引では、すべての通貨のペア（組み合わせ）で売りから入れます。したがって、上がると思われる局面だけでなく、下

がると思われる局面でも売りから入ることで利益を追求できるのです。

ただし、この解説は「厳密な意味では少々間違っています」。詳しくは、後ほどの「通貨ペアという考え方」で説明しましょう。

④投資対象が多すぎない

個別株の投資対象は膨大な数があります。東京証券取引所、大阪証券取引所、名古屋証券取引所、ジャスダック取引所、「新興市場」と呼ばれるマザーズ、ヘラクレスなど、たくさんの市場があり、どの市場のどの銘柄に着目すればよいのか、その選別が非常に大変です。

しかし、FX取引では先ほど紹介した8種類の通貨のペアでの売買に限定して考えられます。もちろん、韓国のウォンや中国の人民元、さらには南アフリカのランドなど比較的「マイナー」な外貨を取り扱っている業者もあります。しかし、このような通貨はボラティリティ（市場の変動性）が激しいのでリスクが高く、お勧めはできません。

FX取引は**投資対象が多すぎず少なすぎないので**、各外貨の十分な分析ができますし、投資機会も多く生じることになります。

⑤取引時間

日本の証券取引所に上場する個別株に限定すれば、公開市場で取

引ができる時間帯は、土日祝祭日と年末年始を除く9時から15時までです。しかも、11時から12時半まで市場は休憩になります。つまり、**個別株は1日当たり4時間半しか開いていないわけです**。ところが、通常のFX取引ならば、土日と年末年始以外は**24時間体制で取引**ができます。

⑥高い流動性

　ある投資対象が買いたいときに買えず、売りたいときに売れないとしたら、そこに投資したいと思うでしょうか。「流動性が低い市場」では、まさにこのような状況が比較的多く起こります。つまり、歴史的に流動性が低い市場ほど、自分が理想とする値段で注文が入らない可能性が高まると言えるのです。

　したがって、投資対象の流動性が高いことは、投資をする上での必須条件となります。ところが個別株の場合、非常に流動性の低い銘柄があります。こうした市場は得てして買い気配（買い方が提示する値段）と売り気配（売り方が提示する値段）の間に大きな価格差が生じやすく、買いたいときに買えず、売りたいときに売れないことが多々あります（私も身をもって経験しています。前職のゲームメーカーの株式は流動性が低く、売買が大変でした……）。

　一方、先ほどの8種類の通貨は非常に**流動性が高く、買いたいときに買えないとか、売りたいときに売れないということは、まずあり得ません**（口座を開設しているFX会社のシステムが故障すれば、話は別ですが……）。

流動性が低いと

　また、流動性が低いということは、ある少数の人間の思惑によって価格操作が比較的に容易にできることも指摘できるでしょう。日本では株式の価格操作が証券取引法で禁止されています。しかし、それでもライブドアの役員だった面々や、M&Aコンサルティング（MAC）社の村上世彰氏が証券取引法違反で逮捕された事件は記憶に新しいところです。

　この事件で問題となったライブドアの株式や、ニッポン放送の株式などは、どちらかと言えば上場株のなかで流動性が高い部類に属します。このような部類に属する株式であっても、個別株の場合、金持ちやインサイダー情報を知り得るごく少数の人間の思惑によって価格に大きな影響を与えることができてしまうわけです。これが、流動性の低い株式であれば、より事態は深刻となります。

　私たちのように金持ちでもインサイダー情報を持っているわけでもない人間が、そのような人たちと売買ゲームをして、勝てる確率はどれほどのものでしょうか（もちろん、ある企業の「インサイダー情報」を耳にした者が、その会社の株式を売買することは原則として証券取引法違反となりますので、インサイダー情報を持っている方はその取引を厳に慎まれていると信じます）。

為替レートは動かし難い

　一方、為替レートを意図的に動かすことは、個別株と比較すれば、かなり大変です。それは、取引されている金額が個別株とは比較にならないくらい巨大な額だからです。小さな洗面器に水を張って手

を入れてかき混ぜれば、洗面器の中の水はこぼれ、周囲は水びたしになりますが、海の中に手を入れてかき混ぜても全く影響を与えられないことと同じです。

　FX市場では、１日当たり１兆5000億〜２兆米ドルもの取引量があります。日本円に換算すると165兆〜220兆円です。対して、世界第２位の取引規模を誇る我らが東京証券取引所（ちなみに世界第１位はニューヨーク証券取引所です）の１日当たりの平均取引量は**１兆5000億「円」程度**になります。**FX市場のわずか100分の１以下**です。東京証券取引所が、100個束になってかかっても、FX市場の大きさにはかないません。このような規模の市場で、影響力を及ぼせることができる人間はほとんどいないのです。

株も為替も使いよう
　冒頭でも述べましたが、私は決して個別株が悪いと思っているわけではありません。個別株市場は「株式会社制度」という資本主義経済の根幹を支える重要なものです。これを否定することはできません。
　賛否両論あると思いますが、私は「短期的な投資に個別株は向かない」と思っています。個別株投資は、短くても数年という長期的な投資スタンスで、その投資をしようとしている会社の事業内容や、経営姿勢などを分析して、将来「伸びる可能性が高い」という会社の株式をその会社を応援する気持ちと共に投資するというものなのではないかと考えているわけです。その意味で面白い投資方法があるのですが本書のテーマとは外れますので、機会があれば今後、何

らかの形でご紹介したいと思っています。

　個人投資家を対象に投資方法などに関する情報を販売している会社の経営者である私の知人に話を聞くと、顧客のニーズが一番高いのは「個別株」とのことでした。FXはというと「たいして人気がない」とのことでした。この状況を何とか打破したいものです。

【FXの優位性】
①レバレッジの高さ
②スワップ金利
③「買い」だけではなく「売り」からも入れる
④投資対象が多すぎない
⑤取引時間
⑥高い流動性

3．FX Carry Hedge Trade

通貨ペアという考え方

　FX取引の経験がない方には分かりにくいと思いますが、FX取引では「通貨ペア」という形で常に2つの通貨が組み合わさって表示されています。こうした通貨ペアを売買するわけです。例えば、USD/JPYを買い、GBP/JPYを売る、といった具合です。

　なにやら難しいと感じてしまう方もいらっしゃるかもしれません。しかし、至極簡単ですので心配しないでください。例えば「USD/JPYを買う」ということは「JPYを売ってUSDを買う」ことを意味します。逆にUSD/JPYを売るということは、USDを売ってJPYを買うことを意味します。つまり、FX取引では常に2つの通貨ペアの一方を買い、他方を売ることで取引をするものなのです。

　先ほど「FXの優位性③」で「厳密な意味では少々間違っています」と述べた理由がここにあります。**FX取引では常に売りと買いが並存するため「買い」とか「売り」のひとつだけの行為はない**、ということを指摘したかったのです。

　JPYが絡んでいない通貨ペア、例えばUSD/EURなどもFX業者に

よっては取引できます。口座に日本円だけしか預託していなくても、概算で必要証拠金額を日本円換算することで、JPYが絡んでいない通貨ペアの取引もできる仕組みになっているのです。

金利差×レバレッジがスワップ金利

　FX取引をするうえで、必ず知っておかなければならないのが、スワップ金利の概念です。先ほどのFX取引の優位性のところでも少し触れましたが、さらに詳しく解説しましょう。

　スワップ金利は「金利の安い国の通貨で金利の高い国の通貨を購入した場合、その差額に相当する額を毎日受け取れる」というものです。逆に金利の高い国の通貨で金利の安い国の通貨を購入した場合は、その差額を支払わなければなりません。

　例えば、2006年4月11日にUSD/JPYを1万通貨単位買ったとき、1日当たり約150円程度のスワップ金利を受け取ることができました。先ほど述べたように、USD/JPYを「買う」ということは「JPYを売ってUSDを買う」という意味です。金利の安いJPYを売って、金利の高いUSDを買っているので、スワップ金利が受け取れるわけです。

　逆にUSD/JPYを1万通貨単位売った場合は、1日当たり約155円程度のスワップ金利を支払わなければなりませんでした。これは金利の高いUSDを売って、金利の低いJPYを買っているため、スワップ金利の支払が生じるためです。

　スワップ金利があるため、FX取引での損益は、為替レートの変

動からくる為替差損益だけでなく、それとスワップ金利の合計値となります。

> **FX取引の損益**
> ＝為替差損益＋スワップ金利の受取額－スワップ金利の支払額

　スワップ金利という概念は、先物やオプションには見られない概念ですので、よく理解をしておいてください（オプションの時間価

値の減少と似ていると言われれば似ているかもしれませんが、本題から外れますのでこれ以上は言及しません……)。また、スワップ金利は**土日や祝祭日も関係なく、1年で365日分がつきます。**

FX Carry Hedge Tradeの出発点

　さて、スワップ金利に関してさらに考えてみましょう。FX取引がレバレッジ取引であることを考えると、スワップ金利は通貨ペアによっては非常に高金利になります。
　例えば、USD/JPYを1万通貨単位買い、1日当たり約150円のスワップ金利を受け取れたとします。それが1年続けば、150円×365日＝5万4750円のスワップ金利を受け取れる計算です。
　そこでレバレッジ20倍として考えたときに何パーセントの利回りになるか計算してみましょう。USD/JPYを1万通貨単位買うのに差し入れなければならない証拠金額が5万9250円だったとすると次のような利回りになります。

　　5万4750円÷5万9250円＝92.4％

　92.4％といえば元本のほぼ倍です。**とてつもないパフォーマンスであることが分かります。**
　2006年4月11日現在、主要通貨で一番高金利と思われるのはNZDでした。同日のNZD/JPYレートが72.35円、1万通貨単位当たりの1日の受取スワップは140円程度で、先ほどと同じように計

算すると、(140円×365日) ÷ (72.35円×1万通貨単位÷20) = 141.25％のパフォーマンスとなります。このように**スワップ金利は高率**なのです。

『相場』が動いても大丈夫なようにするには

　もっとも、実際の取引においては、為替レートが変動するため、このスワップ金利だけを安全に享受することはできません。つまり、FX取引の損益は為替差損益とスワップ金利の合計額ですから、スワップ金利でプラスが出たとしても、それを上回る為替差損が出てしまえば、結局は損を被ることになるわけです。

　しかし逆を言えば、為替レートの変動リスクを最小限に抑え、為替差損益をプラスにするところまでは行かないまでも、プラスマイナスゼロにできれば、このハイパフォーマンスなスワップ金利を比較的安全に享受できることを意味します。

　実のところ**FX Carry Hedge Trade**の論理は、この「**為替レートの変動リスクをヘッジしてスワップ金利を享受する**」ことから出発しているのです。これから**FX Carry Hedge Trade**が為替レートの変動リスクをどのようにヘッジするのか解説することになります。その上で、スワップ金利だけではなく、**為替差益も高確率で得ていく手法**について説明しましょう。

　ただしその前に、為替レートの変動リスクを抑えるためには「相関関係」について若干理解しておく必要があります。そこで第2章では、相関関係についての説明をすることにします。

【ヘッジ】

　ヘッジ（hedge）という言葉にはいろいろな意味があります。ただ、先ほどの「為替レートの変動リスクをヘッジして……」というところで用いた「ヘッジ」に一番しっくりくる意味合いは「リスク回避の保険」であると、個人的には思います。つまり、為替レートの変動リスクを回避するために保険をかけるという意味です。

　私は金融商品へ投資（金融投資）をするうえで「ヘッジをかける」ことは極めて大切なことであると思っています。大切であるばかりではなく、「必須」とさえ感じているほどです。

　ヘッジをかけるにはコストがかかります。したがって、収益は落ちるでしょう。しかし、私はヘッジがかかっていない金融投資には、それがどんなに高い収益性であってもあまり興味がありません。ヘッジがかかっていない金融投資は、言うなれば「競馬」や「競艇」などのギャンブルや宝くじと同じだと思うからです。

　「金融投資自体、ギャンブルじゃないか？」と思う方もいらっしゃるでしょう。動物的な勘や直感を頼りに投資をするなら、そのとおりです。しかし、金融投資はギャンブルとは違う点があります。ヘッジの手段があるのです。

　ヘッジ手段があるからこそ、金融投資は「知的」楽しさを持った「cool」なゲームだと思います。また「安定的」に利益を積み上げていくことを投資目的に掲げるのであれば、ヘッジをかけることは、必須条件になってくるのです。

　もちろんギャンブルを否定しているわけではありません。しかし、

少なくともギャンブルや宝くじは「知的」や「cool」や「安定的」と言った形容詞の対極にあるものであると感じます。

　私は会社を経営しているため、事業投資をすることもあります。この事業投資にも常にリスクヘッジを意識します。世の経営者はすべてとは言わないまでも、ほとんどの場合、リスクヘッジを考えるのではないでしょうか。少なくとも私の周りの経営者は皆、リスクヘッジを意識しているように感じます。

　例えば、新規の事業案件があり、その事業が思ったとおりの業績を出せなかった場合、それに対してこのような手を打つ、それでもダメならこのような手を打つ、そして最後にココまで頑張ってダメなら撤退する（撤退は、金融投資に例えれば「損切り」となります）という図式が、事業投資をする前の段階からある程度練られているはずです。ヘッジなき投資は、金融投資であっても、事業投資であっても、おそらく不動産投資（私は専門外ですので分からない部分がありますが）でも、ヘッジのある投資に比べると少々「原始的な匂い」を感じます。

　金融投資の分野でFXやデリバティブ（先物取引やオプション取引など）では、ヘッジを容易に利かせることができます。しかし、個別株にはヘッジを利かせることが、今のところあまり一般的ではありませんし、あっても非常にコストがかかります。本章の『2.FX取引の優位性とは』では、記載しませんでしたが、FXの個別株式に対する優位性のひとつとして「ヘッジをかけることが個別株より容易である」ことも追加できると思います。

第2章

通貨ペアの相関関係

相関関係とは

　辞書によると、相関関係とは「２つのものが密接にかかわり合い、一方が変化すれば他方も変化するような関係」を意味します。つまり、一方が増加したとき、他方が増加または減少するような関係です。

　もし、ある通貨ペアとある通貨ペアとの間に相関関係があれば、それを利用して通貨ペアのレートの変動から生じる為替リスクをヘッジすることができそうです。つまり、一方の通貨ペアのレートが上昇した場合、他方の通貨ペアのレートも同じように上昇するという関係が成り立っていれば、一方の通貨ペアを買い、他方の通貨ペアを売ることで、為替リスクは回避できるというわけです。

　例えば、一方の通貨ペア「Ａ」のレートが100円、他方の通貨ペア「Ｂ」のレートが120円だったとします。このＡとＢの通貨ペアに相関関係があり、一方のレートが上がれば同じように他方のレートも上がるとしましょう。

　その仮定に基づき、ＡＢ双方とも１円ずつレートが上昇し、それぞれのレートが101円、121円となったケースを考えてみます。Ａの通貨ペアを買い、Ｂの通貨ペアを売っていたとしますと、Ａの通貨ペアでは１円の利益が生じ、Ｂの通貨ペアでは１円の損失が生じることになるわけです。したがって、**為替リスク（為替差損）は見事回避されます。**

　では、実際に各種通貨ペアには相関関係があるのでしょうか？　**図表2-1**と**図表2-2**の２つのチャートを見比べてください。**図表2-1**

第2章 通貨ペアの相関関係

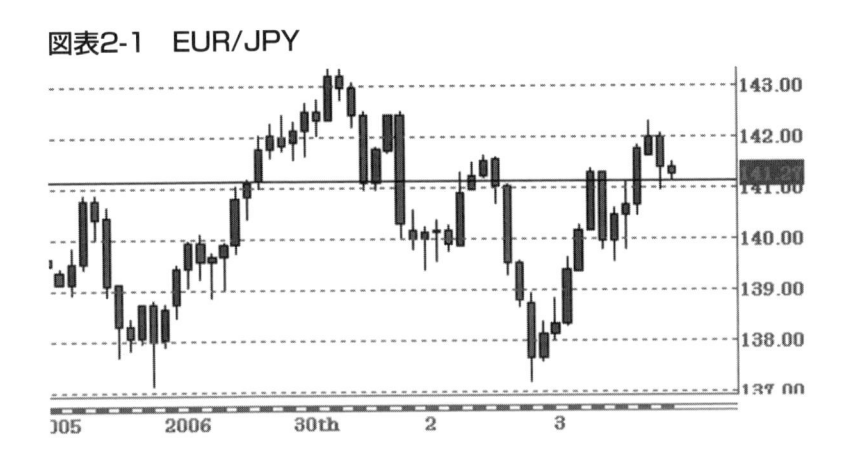

図表2-1　EUR/JPY

図表2-2　GBP/JPY

はEUR/JPYと**図表2-2**はGBP/JPYの同時期、同期間のローソク足です。

こうして、チャートを見比べてみると、完全ではありませんが、確かにEUR/JPYが上げているときにはGBP/JPYも上げており、EUR/JPYが下げているときにはGBP/JPYも下げています。なんとなく相関関係がありそうだと感覚的に分かるかと思います。

相関係数

　ただ「感覚的」に相関関係がありそうというだけで大切なお金を投資するのはナンセンスです。どの程度の相関関係があるか客観的に判断するため、数学的に計算する方法があります。

　数学的には「相関係数（r）」という指標を利用します。相関係数とは、2つの変量（調査対象の性質を数値で表したもの）の相関関係の程度を示す数値です。−1〜+1までの数値で示されます。+1は完全な「順位相関」を意味し、−1は完全な「逆相関」を意味します。

　順位相関というのは、一方が増加（減少）したとき、他方も同じく増加（減少）することを意味します。先ほどのEUR/JPYとGBP/JPYの関係がそうです。逆相関というのは、一方が増加（減少）したとき、他方が減少（増加）することを意味します。おおむね2つの変量の相関係数が+0.8以上であれば強い順位相関関係があり、−0.8以下であれば強い逆相関関係があると言えるでしょう。

　相関係数を計算するために用意するものは、調べたい2つの通貨ペアの一定期間のレートです。毎日の「終値」でよいでしょう。例えば、過去1年分のレートを用いれば、過去1年分の相関係数を求

められます。相関係数の計算方法は次のとおりです。

①ひとつ目の為替ペア（変数をxとします）の偏差平方和S（xx）を計算します。偏差平方和とは偏差（標本から平均値までの距離）の2乗を足し合わせた数です。

$$S(xx) = \Sigma\,(\bar{x}-x)^2 = \Sigma\,x^2 - \frac{(\Sigma x)^2}{n} \qquad (\bar{x} = x の平均値)$$

②同様に2つ目の為替ペア（変数をyとします）の偏差平方和S（yy）を計算します。

$$S(yy) = \Sigma\,(\bar{y}-y)^2 = \Sigma\,y^2 - \frac{(\Sigma y)^2}{n} \qquad (\bar{y} = y の平均値)$$

③xとyの偏差積和S（xy）を計算します。この場合、偏差積和とは毎日の終値の偏差を掛け合わせて、それを合計（1年分）したものです。

$$S(xy) = (\bar{x}-x)(\bar{y}-y) = \Sigma\,xy - \frac{(\Sigma x)(\Sigma y)}{n}$$

④相関係数rを計算します。偏差積和をそれぞれの標準偏差（この場合、終値の散らばり具合を表わす数値）を掛けたもので割ります。

$$r = \frac{S(xy)}{\sqrt{S(xx)S(yy)}}$$

図表2-3　いろいろな通貨ペアの相関係数

FX Carry Hedge Trade 相関関係表(順位相関)　　　　　　　　　　　　　　　　　　[2006-04-11 15:35:17]

No.	通貨ペア1(買)	通貨ペア2(売)	レート1(中値)(買)	レート1×係数	レート2(中値)(売)	レート2×係数	相関係数 1000日	相関係数 300日	SWAP金利	想定利回り	差額	累計確度値 100	テクニカル 表示
1	GBP/JPY	EUR/JPY	206.24	206.24	143.32	143.32	0.79	0.88	1,390	29.02	62.92	39.15	表示
2	GBP/JPY	CHF/JPY	206.24	206.24	90.86	90.86	0.79	0.93	2,110	51.84	115.37	55.15	表示
3	EUR/JPY	CHF/JPY	143.32	143.32	90.86	90.86	0.91	0.95	670	20.88	52.45	70.23	表示
4	GBP/JPY	NZD/JPY	206.24	206.24	72.15	72.15	0.78	0.57	900	23.59	134.09	71.42	表示
5	GBP/JPY	AUD/JPY	206.24	206.24	86.35	86.35	0.75	0.82	1,120	27.94	119.88	58.94	表示
6	NZD/JPY	AUD/JPY	72.15	72.15	86.35	86.35	0.95	0.75	100	4.60	-14.21	23.90	表示
7	NZD/JPY	EUR/JPY	72.15	72.15	143.32	143.32	0.88	0.34	370	12.53	-71.17	28.13	表示
8	NZD/JPY	CHF/JPY	72.15	72.15	90.86	90.86	0.75	0.54	1,090	48.81	-18.72	28.48	表示
9	AUD/JPY	EUR/JPY	86.35	86.35	143.32	143.32	0.89	0.73	180	5.72	-56.97	35.47	表示
10	AUD/JPY	CHF/JPY	86.35	86.35	90.86	90.86	0.70	0.78	900	37.07	-4.51	43.60	表示
11	GBP/USD	EUR/USD	1.7429	174.29	1.2111	121.11	0.94	0.84	570	11.90	53.17	34.18	表示
12	GBP/JPY	CAD/JPY	206.24	206.24	103.21	103.21	0.71	0.86	1,330	31.37	103.03	45.13	表示
13	NZD/JPY	CAD/JPY	72.15	72.15	103.21	103.21	0.80	0.45	310	12.90	-31.06	26.47	表示
14	AUD/JPY	CAD/JPY	86.35	86.35	103.21	103.21	0.82	0.85	120	4.62	-16.86	35.06	表示
15	EUR/JPY	CAD/JPY	143.32	143.32	103.21	103.21	0.75	0.89	-110	-3.26	40.71	54.82	表示

　このような計算が苦手な方も表計算ソフト、例えばエクセルならばCorrel（もしくはPearson）関数を使えば算出できます。ひとつのセルに「＝Correl（ひとつ目の通貨ペアのデータ範囲、2つ目の通貨ペアのデータ範囲）」を入れるだけです。

　また私の制作したFX Carry Hedge Tradeシステムでは、いろいろな通貨ペアの相関係数を簡単に調べられます。**図表2-3**を見てください。

　この相関関係表（順位相関）の1番上の行に、GBP/JPYとEUR/

JPYの相関関係が表示されています。直近1000日間の双方の通貨ペアの為替レートの変動に基づいた相関係数が0.79、直近300日間の双方の通貨ペアの為替レートの変動に基づいた相関係数が0.88となっています。このシステムでは、1999年1月から各種通貨ペアの為替レートがデータベース化されており、直近日数や通貨ペアを任意に変更して相関係数を調べることが可能です。

相関関係でリスクヘッジ

通貨ペアには相関関係を確認できるものがあります。それを調査・利用して、為替リスクをヘッジするのです。順位相関（相関係数が＋1に近い）が確認できるのであれば、一方の通貨ペアを買い、他方の通貨ペアを売ります。また逆相関（相関係数が－1に近い）が確認できるのであれば、双方の通貨ペアを買う、もしくは売ります。こうして理論的には、為替リスクをヘッジできることになるわけです。

では、具体的にどのような形になるのかを見ていきましょう。まずは、順位相関のケースを見ていきます。**図表2-4**の相関関係表（順位相関）を見てください。1行目のGBP/JPYとCHF/JPYで解説しましょう。

図表2-4　相関関係表

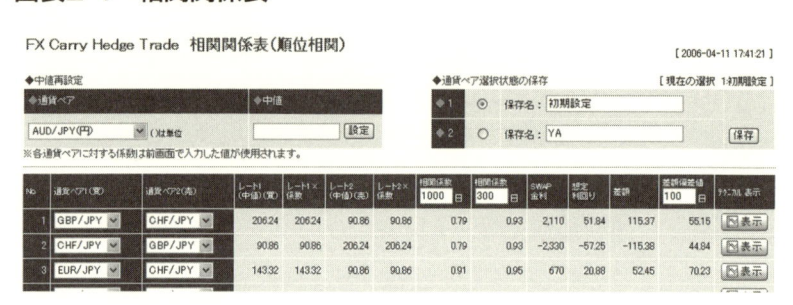

No	通貨ペア1(買)	通貨ペア2(売)	レート1(中値)(買)	レート1×係数	レート2(中値)(売)	レート2×係数	相関係数 1000日	相関係数 300日	SWAP 金利	想定利回り	差額	差額偏差値 100	テクニカル表示
1	GBP/JPY	CHF/JPY	206.24	206.24	90.86	90.86	0.79	0.93	2,110	51.84	115.37	55.15	表示
2	CHF/JPY	GBP/JPY	90.86	90.86	206.24	206.24	0.79	0.93	-2,330	-57.25	-115.38	44.84	表示
3	EUR/JPY	CHF/JPY	143.32	143.32	90.86	90.86	0.91	0.95	670	20.88	52.45	70.23	表示

　まず、GBP/JPYとCHF/JPYの相関関係ですが、相関関係表からは、直近1000日間の相関係数が0.79、直近300日間の相関係数が0.93という数値で表されています。直近1000日間で見たときの相関係数は0.8を割っており、必ずしも相関係数が高いとは言い切れません。しかし、直近300日では0.93と「非常に高い」と言っても過言ではないレベルの相関関係があります。この2つの通貨ペアの一方を買い、他方を売ることで、かなりの為替変動リスクのヘッジができそうです。

　では。どちらの通貨ペアを買い、どちらの通貨ペアを売ればよいのでしょうか。スワップ金利を狙うのであれば、スワップ金利がプラスになるような形で買いと売りを決定すればよいのです。

　2006年4月11日の通貨ペアのスワップ金利は、10万通貨単位当たり、それぞれ**図表2-5**のようになっていました。

図表2-5 通貨ペアのスワップ金利

通貨ペア	買いスワップ	売りスワップ
GBP/JPY	2400	-2570
CHF/JPY	240	-290

　「買いスワップ」と表記されているのは、左記の通貨ペアを買った場合に受け取れる1日当たりのスワップ金利を示しており、「売りスワップ」と表記されているのは、売った場合に受け取れる1日当たりのスワップ金利を示しています。マイナス（-）がついていれば「支払」を示していますので、注意してください。

　この場合、GBP/JPYを買い、CHF/JPYを売ればスワップ金利を1日当たり2400円-290円=2110円を受け取れます。しかし、CHF/JPYを買い、GBP/JPYを売ってしまうと、240円-2570円=-2330円となってしまい、スワップ金利を支払わなければなりません。したがって、このケースでは、GBP/JPYを買い、EUR/JPYを売る選択をすることになります。

　FX Carry Hedge Tradeシステムの相関関係表（順位相関）では、左側に表示されている通貨ペアが買いの通貨ペア、右側に表示されている通貨ペアが売りの通貨ペアとなります（**図表2-4**）。

急いては事を仕損じる

　さて、**図表2-4**の相関関係表の1行目と2行目を見比べてみてください。1行目と2行目は、買いの通貨ペアと売りの通貨ペアを入れ替えただけのものです。当然、相関係数はどちらも同じとなります。スワップ金利に関しては、上記で計算した結果と全く同じ数字（2110円と−2330円）が入っていることを確認してください。

　また、**図表2-4**の右から4番目の列に「想定利回り」という項目がありますが、これはレバレッジを20倍としたときに、どれほどの利回りが得られるのか概算したものです。

　相関関係表からGBP/JPYのレートが206.24円、CHF/JPYのレートが90.86円であると分かります。したがって、これをそれぞれ10万通貨単位で売買するときに必要な証拠金は……

　（206.24＋90.86）×10万÷20＝148万5500円

となりますので、1行目の想定利回りは……

　2110円×365日÷148万5500円＝51.84％

　2行目に関しては……

　−2330円×365日÷148万5500円＝−57.25％

となるわけです。算出した数値が表にある想定利回りと同様であることを確認してください。

さて、ここまで説明したところで、気の早い方は「1年間で51.84％の利回りか!! ポジションはGBP/JPYの買いとCHF/JPYの売りだな。よし、今すぐポジションを持とう！」と思われるかもしれません。しかし、それでは儲かる可能性がグッと低くなってしまうどころか、逆に損を被る可能性すらあるのです。

ここだけを読んでFX投資を始めないでください。 必ず本書を最後まで読んでいただき、それから行動に移していただきたいと思います。そうでなければ損失を被る危険性が非常に高くなるからです。

それでは、次章からいよいよ具体的なFX Carry Hedge Tradeの解説に入っていきたいと思います。

第3章

FX Carry Hedge Trade の骨子

1．順位相関の検証

①理想的なケース

　前章の最後に「ここだけを読んでFX投資を始めないでください」と申し上げました。その理由のひとつとして、FX取引の損益が為替差損益とスワップ金利の合計額になることが挙げられます。
　どの時点でポジションを持っても、そのポジションを持ち続けている期間が一定であれば、受け取れるスワップ金利は同額です（ただし、毎日のスワップ金利は変化しますので、厳密には若干数値が異なることがあります。ご注意ください）。
　しかし為替差損益は、どの時点でポジションを持ち（仕掛けるか）、どの時点でそのポジションを解消するか（手仕舞いするか）によって変わってきます。つまり、前章の例のようにGBP/JPYを買い、CHF/JPYを売ることでスワップ金利が想定利回り50％超で運用できるポジションを持ったとしても、仕掛けのタイミングを間違えると、それ以上の為替差損を出してしまう危険性があるのです。たとえ相関関係を有している通貨ペアで仕掛けたとしても、その相関関係は完全な相関関係ではありません。

第 3 章　FX Carry Hedge Trade の骨子

図表3-1　GBP/JPYとCHF/JPYのレート

日付	GBP/JPY	CHF/JPY	差額
2006/3/13	205.39	90.35	115.04
2006/3/14	205.95	90.52	115.43
2006/3/15	205.20	90.20	115.00
2006/3/16	205.52	90.73	114.79
2006/3/17	205.29	90.67	114.62
2006/3/20	203.83	89.92	113.91
2006/3/21	204.16	89.96	114.20
2006/3/22	204.96	90.17	114.79
2006/3/23	204.20	89.56	114.64
2006/3/24	204.34	89.50	114.84
2006/3/27	204.62	89.61	115.01
2006/3/28	205.59	90.05	115.54
2006/3/29	204.26	89.92	114.34
2006/3/30	204.86	90.48	114.38
2006/3/31	204.60	90.31	114.29
2006/4/3	204.69	90.22	114.47
2006/4/4	206.29	91.08	115.21
2006/4/5	205.93	91.48	114.45
2006/4/6	206.41	91.29	115.12
2006/4/7	206.08	90.88	115.20
2006/4/10	206.24	90.86	115.38
2006/4/11	206.89	91.13	115.76

　具体的に検証してみましょう。**図表3-1**はGBP/JPYとCHF/JPYの2006年3月13日〜4月11日までのレートです（単位は円）。
　この表の右端に「差額」という項目を設けてあります。この差額は買う通貨ペアであるGBP/JPYのレートから売る通貨ペアである

CHF/JPYのレートを差し引いた金額です。今後、順位相関において、この買う通貨ペアから売る通貨ペアのレートを差し引いた差額のことを**スプレッド**と呼ぶことにします。

　この期間のスプレッドに着目してみると、3月20日の113.91円を最小とし、4月11日の115.76円を最大として、その範囲内で推移していることが分かります。

　では、3月20日のスプレッドが一番小さいときに「GBP/JPY買い、CHF/JPY売り」のポジションを10万通貨単位ずつ仕掛け、スプレッドが一番大きい4月11日に手仕舞いをしたら損益はどうなるでしょうか。

　まず、スワップ金利は3月20日から4月11日まで約22日間ありますので、22日分を得られることになります（仕掛けのタイミングによっては、スワップ金利を得られる日数が1～2日程度変化することがありますが、ここでは厳密には考えません）。10万通貨単位で仕掛けた場合の1日当たりのスワップ金利は2110円でしたので、受け取れるスワップ金利は4万6420円となります。

　2110円×22日間＝4万6420円

　次に為替差損益を計算する前に、その計算をするときに留意すべき点について指摘します。上記のレートは「中値」と呼ばれるレートです。厳密には、実際に売買できるレートと異なります。実際には、通貨ペアを買う場合は中値より1～6銭程度高いレートでの取引となり、売る場合は中値より1～6銭程度低いレートでの取引と

なるのです。

 ただし、ここではそれを無視して計算します。今後も特に断りがない場合は、同じように計算していきますので、ご注意ください。ちなみに買値と売値が中値からどの程度離れているのかについては、通貨ペアの種類や業者によって変わります。この点も忘れないでください。

 では、為替差損益を計算しましょう。まずGBP/JPYを計算します。3月20日のGBP/JPYのレートは203.83円であり、4月11日のレートは206.89円です。GBP/JPYのポジションは買いのポジションですのでレートが上がっているため為替差益が出ます。10万通貨当たりの為替差益は30万6000円です。

（206.89円 − 203.83円）×10万 = 30万6000円

 同じくCHF/JPYの為替差損益を計算します。CHF/JPYのポジションは売りのポジションですので、為替差損 − 12万1000円が発生します。

（89.92円 − 91.13円）×10万 = − 12万1000円

 したがって「GBP/JPY買い、CHF/JPY売り」のポジションによる為替差損益は18万5000円です。

30万6000円 − 12万1000円 = 18万5000円

実は、2つの通貨ペアの計算を別々にしなくても、スプレッドを用いることで、この計算は一発でできます。仕掛け時の3月20日のスプレッドが113.91円、手仕舞い時の4月11日のスプレッドが115.76円ですから……

　（115.76円 − 113.91円）×10万 = 18万5000円

となり、さきほど計算した結果と同じです。
　さて、仮に3月20日から4月11日までこのポジションをとっていたとしたら、いくらの利益が出ていたか計算してみましょう。スワップ金利と為替差損益の合計額ですから23万1420円の利益です。

　4万6420円 + 18万5000円 = 23万1420円

　レバレッジを20倍として、利益23万1420円のパフォーマンスを概算すると15.75％でした。

　23万1420円 ÷ ［（203.83円 − 89.92円）×10万 ÷ 20］= 15.75％

　22日間で元本の15.75％のパフォーマンスがあったわけですから、年換算すると261.30％という、**とてつもないハイパフォーマンスに**なります。

　15.75％ ÷ 22日 × 365日 = 261.30％

実際は、先ほども指摘したように、スワップ金利が22日間もらえるかどうか分かりませんし、中値で取引はできません。また業者によっては取引手数料がかかることを考えますと、このとおりのハイパフォーマンスにはならないでしょう。しかし、それを差し引いても、十分な利益が出ていると分かります。

②悪夢のケース

では、仕掛けのタイミングを変えて検証してみましょう。今度は、スプレッドが比較的大きい3月14日に上記と同様のポジションを仕掛け、スプレッドが小さくなった3月20日に手仕舞いをしたと仮定します。同様にスワップ金利から計算しましょう。

2110円×7日間＝1万4770円

次にGBP/JPYの為替差損益を計算します。

（203.83円－205.95円）×10万＝－21万2000円

ではCHF/JPYの為替差損益を計算しましょう。

（90.52円－89.92円）×10万＝6万円

すべてを合計します。

1万4770円 − 21万2000円 + 6万円 = − 13万7230円

　13万7230円の損失が生じています。ちなみにスプレッドを用いて計算してみますと（113.91円 − 115.43円）× 10万 = − 15万2000円です。通貨ペアごとに計算した為替差損益の合計と同額になっていることを確認してください。

　ここで言えることは「スプレッドが大きいときに仕掛け、スプレッドが小さいときに手仕舞いすると、為替差損が生じることになる」ということです。逆に言うと「**スプレッドが小さいところで仕掛け、スプレッドが大きいところで手仕舞いすることで、為替差益が生じる**」ことになります。したがって、できるだけスプレッドの小さいところで仕掛けることがFX Carry Hedge Tradeで利益を出すための条件となるわけです。

　ただ、よく考えてみてください。**何をもってスプレッドが小さいとか大きいとかを判断したらよいのでしょうか**。この点が非常に難しい点です。私はスプレッドを時系列でグラフ化（チャート化）することを考えました。

　ある2つの通貨ペアで順位相関が成り立っていることを前提とするならば、その2つの通貨ペアのスプレッドは、ある一定の範囲で動いているはずです。スプレッドをチャート化して、その一定の範囲を視覚的に確認することで、今のスプレッド水準が高いのか安いのか分かりやすくなると考えたのです。

　もちろん、FX Carry Hedge Tradeシステムには、このスプレッドのチャート機能が実装されています。

第3章　FX Carry Hedge Tradeの骨子

図表3-2　「GBP/JPY買い、CHF/JPY売り」スプレッドのチャート

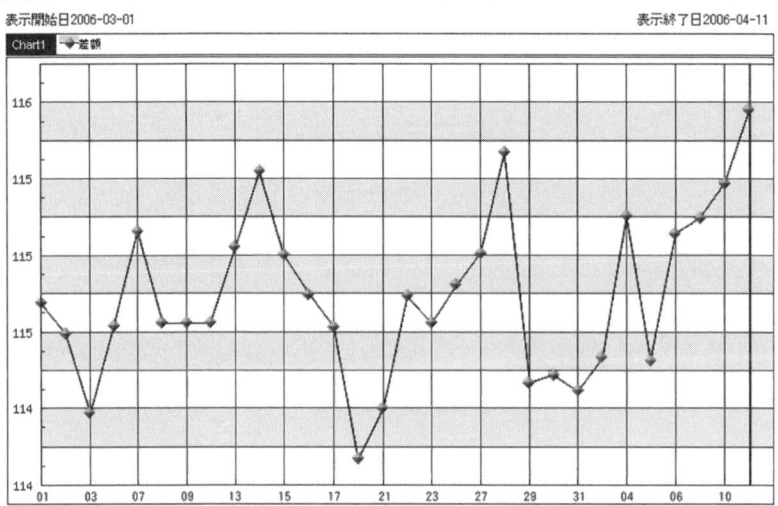

表示開始日2006-03-01　　　　　　　　　　　　　　　　表示終了日2006-04-11

　図表3-2を見てください。先ほど検証した「GBP/JPY買い、CHF/JPY売り」スプレッドの同期間のチャートをFX Carry Hedge Tradeシステムで表示したものです。これを見ればある程度、仕掛けのタイミングが分かるかもしれません。しかし、もう少しそのタイミングを明確にすることもできます。

図表3-3　20日移動平均線を尺度にする

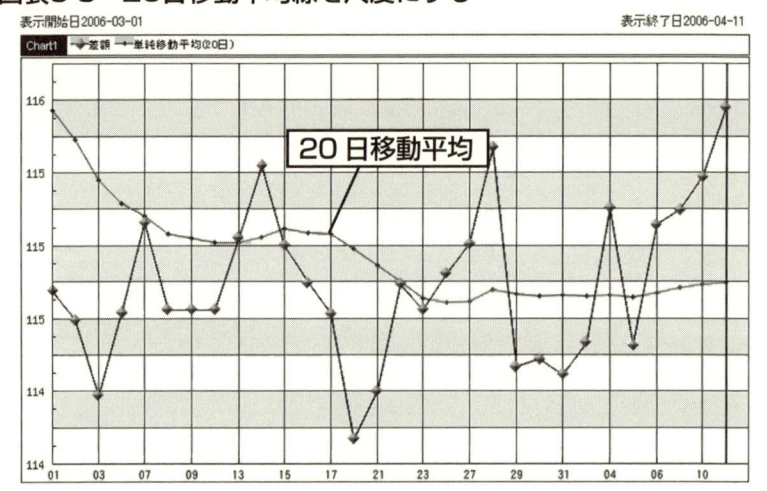

　図表3-3には、スプレッドのチャート以外にもうひとつの線が現れています。この線は「移動平均線」です。日数は20日のものを引いています。平均線を引き、その上か下かをひとつの目安とすることができるわけです。平均線よりも下であればスプレッドは小さく、上であれば大きいという見方です。

　もちろん、平均線の平均日数を任意に変えて引くこともできます。様々な日数の平均線を引いてどの日数が比較的パフォーマンスが良いか、あるいは安全性が高いか検証することが可能です。仕掛けと手仕舞いのタイミングについては、後ほどのテクニカル分析のところで詳しく紹介したいと思います。

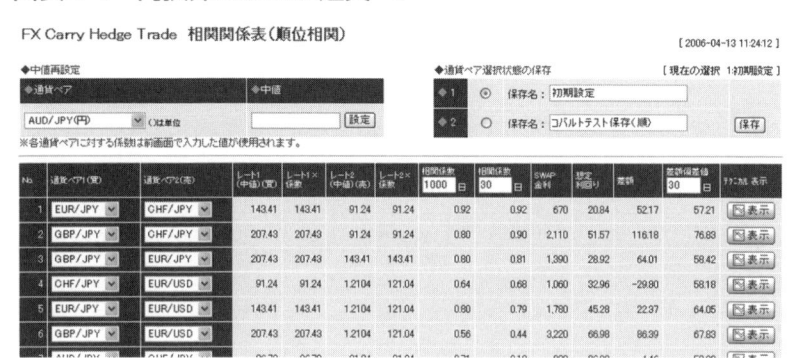

図表3-4　円換算ではない通貨ペア

③日本円が軸にならない場合

　もうひとつ順位相関のケースを検証したいと思います。今度検証する通貨ペアは、EUR/JPYとEUR/USDのケースです。○○○/JPYという通貨ペアだけでポジションをとる場合はよいのですが、通貨ペアの表記上、右側の通貨がJPY以外の通貨ペアをポジションとして持つ場合、スプレッド分析時に少しだけ注意する必要があります。

　図表3-4の相関関係表を見てください。上から5行目に「EUR/JPY買い、EUR/USD売り」のレートや相関係数などが表示されています。1000日間の相関係数が0.80、30日間の相関係数が0.79とまずまずの順位相関関係があると見てとれます。

　さて、EUR/USDの通貨ペアのレートを見てください。「1.2104」

となっています。この意味は1ユーロ＝1.2104米ドルであることを意味しています。したがって表示の単位は「USD」です。一方、EUR/JPYの通貨ペアのレートは「143.41」と表示されています。これは1ユーロ＝143.41円であるということを意味しています。したがって表示の単位は「JPY」です。この2つの通貨ペアのレートの単位が異なっていることに注意してください。

　相関係数を求める際には、単位が違っても結果は同じとなるので、2つの通貨ペアのレートの単位が異なっていても全く問題はありません。しかし、順位相関のケースでは、買う通貨ペアのレートから売る通貨ペアのレートを差し引いたスプレッドを分析しますので、通貨ペアのレート単位が異なる場合、問題となります。キログラムからメートルを引いた数字に意味がないのと同じです。

単位をそろえる

　2つの通貨ペアのレートの単位が違う場合、レートの単位をそろえてスプレッドを求める必要があります。USDの単位にそろえても構いませんが、基本的にはJPY（円）にそろえるのが日本人としては分かりやすい方法だと思います。ではJPYの単位にどのようにそろえれば（換算すれば）よいのでしょうか？

　EUR/USDをEUR/JPYに換算すればよいのですから、分数の掛け算の形式で考えると、USD/JPYのレートをEUR/USDのレートに乗じてあげれば、EUR/JPYに換算されることが分かると思います。つまり次の式が成立するわけです。

$$\frac{\text{EUR}}{\text{USD}} \times \frac{\text{USD}}{\text{JPY}} = \frac{\text{EUR}}{\text{JPY}}$$

ただし、ここで計算されるEUR/JPYは、あくまでもEUR/USDを換算したものです。「本来のEUR/JPY」とは異なるものですから、注意してください。今後は、EUR/USDを換算してEUR/JPYとしたものを「EUR/USDのJPY換算額」と表記したいと思います。

次に、一言でEUR/USDをJPY換算するといっても、USD/JPYのレートは変動するため、どの時点のUSD/JPYのレートで換算するかが問題となります。結論から言ってしまうと、直近のUSD/JPYレートで換算することが望ましいことになります。これは「**過去のEUR/USDを換算するときも、直近のUSD/JPYレートを用いる**」という意味です。

USD/JPYのレートも日々変動しますので、過去のEUR/USDを換算するには同時期のUSD/JPYを乗じて換算する方法も理屈としては考えられます。例えば、EUR/USDとUSD/JPYが次のページの**図表3-5**のように変動していたとしましょう。

この場合、EUR/USDを換算する際、3月1日には同日のEUR/USDのレート1.2000に同日のUSD/JPYのレート115.00を乗じて換算しています。3月2日も同日のEUR/USDレート1.1900に同日のUSD/JPYのレート116.00を乗じて換算してあります。この換算方法をここでは仮に「第1法」と呼びましょう。

通貨ペアのJPY換算に当たっては、第1法で換算してはなりませ

図表3-5　第1法

	EUR/USD	USD/JPY	EUR/USD * USD/JPY
3月1日	1.2000	115.00	138.00
3月2日	1.1900	116.00	138.04
3月3日	1.1800	117.00	138.06
3月4日	1.1700	118.00	138.06
3月5日	1.1750	119.00	139.83

図表3-6　第2法

	EUR/USD	USD/JPY	EUR/USD * USD/JPY
3月1日	1.2000	115.00	142.80
3月2日	1.1900	116.00	141.61
3月3日	1.1800	117.00	140.42
3月4日	1.1700	118.00	139.23
3月5日	1.1750	119.00	139.83

ん。仮に現在が3月5日とするならば、同日のUSD/JPYレートである119.00円で、3月1〜5日までのEUR/USDを換算しなければならないのです。

　図表3-6は過去のEUR/USDを換算するときに、直近のUSD/JPYレートを用いた方法になります。この方法をここでは仮に「第2法」と呼びましょう。

　では、なぜこのような換算方法を取らなければならないのでしょ

うか。それは、為替差損益がEUR/USDの上げ下げだけに対応して計算されるからです。どういう意味か先ほどの２つの表を利用してもう少し分かりやすく説明しましょう。

　３月１日のEUR/USDレートは1.2000USDでした。３月５日のEUR/USDレートは1.1750USDです。仮に３月１日にEUR/USDを10万通貨単位買い、３月５日に手仕舞いしたとしましょう。この場合、レートが下落していますので－0.0250米ドルの為替差損が発生します。

$$1.1750USD - 1.2000USD = -0.0250USD$$

　しかし、第１法によるEUR/USDのJPY換算額で比較すると、３月１日のEUR/USDのJPY換算額は138.00円、３月５日のJPY換算額は139.83円となっており、レートが上昇してしまっています。

　レートが上昇しているということは、この通貨ペアを買いポジションで持っていれば、為替差益を得られることになってしまいます。しかし実際は、このケースでは為替差損が発生し、損をしているのです。このように、USD/JPYのレート変動を加味してJPY換算をする第１法では、実際は損をするのに数字上はあたかも利益が出ているような状況になってしまうケースがあります。

　では、第２法による換算額はどうでしょうか。当たり前のことですが、過去のEUR/USDレートに一定額を乗じているため、３月１日の換算額は142.80円、３月５日の換算額は139.83円となっており、第１法をとったときのような矛盾は起こっていないと分かります。

係数は研究テーマのひとつ

　JPYが絡まない通貨ペアのJPY換算に関して重要なこととは「過去のすべてのレートに一定額を乗じること」です。あまり厳密に直近のUSD/JPYレートにこだわる必要はありません。事実、直近のUSD/JPYレートの近似値であれば、現在のところでは分析上、大きな問題は生じていません。ただし、いろいろな角度から分析・検証していくことは大事なことですので、JPY換算に際してどのような数値を用いて換算していくことがパフォーマンスの向上に繋がるのか、研究していくことも重要だと思います。

④JPY換算のケース

　FX Carry Hedge Tradeシステムでは、JPYへの換算レートを「係数」という表現を用いていろいろな数値に設定して検証できるようになっています。

　図表3-7はFX Carry Hedge Tradeシステムの中値指定画面です。AUD/USDに100、EUR/GBPに200、EUR/USDに100……という具合に係数を設定し、これらのレートをJPY換算する設定となっています。

　では、このJPY換算の手法を用いて、具体的にEUR/JPYとEUR/USDのポジションを検証してみましょう。2006年4月11日現在、EUR/JPYとEUR/USDのスワップ金利は、10万通貨単位当たり、図表3-8のようになっています（単位は円）。

図表3-7　JPY換算の設定画面

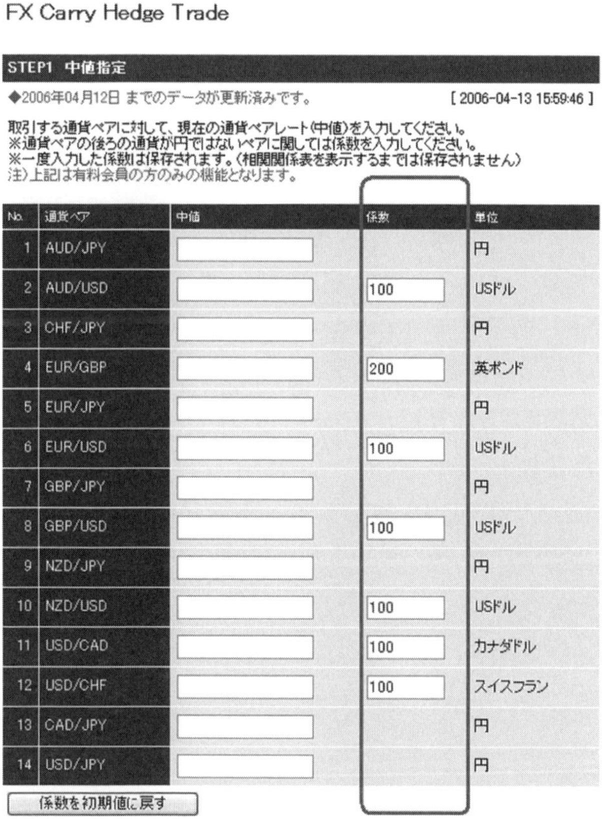

FX Carry Hedge Trade

STEP1　中値指定

◆2006年04月12日 までのデータが更新済みです。　　　[2006-04-13 15:59:46]

取引する通貨ペアに対して、現在の通貨ペアレート(中値)を入力してください。
※通貨ペアの後ろの通貨が円ではないペアに関しては係数を入力してください。
※一度入力した係数は保存されます。(相関関係表を表示するまでは保存されません)
注)上記は有料会員の方のみの機能となります。

No.	通貨ペア	中値	係数	単位
1	AUD/JPY			円
2	AUD/USD		100	USドル
3	CHF/JPY			円
4	EUR/GBP		200	英ポンド
5	EUR/JPY			円
6	EUR/USD		100	USドル
7	GBP/JPY			円
8	GBP/USD		100	USドル
9	NZD/JPY			円
10	NZD/USD		100	USドル
11	USD/CAD		100	カナダドル
12	USD/CHF		100	スイスフラン
13	CAD/JPY			円
14	USD/JPY			円

[係数を初期値に戻す]

図表3-8　EUR/JPYとEUR/USDのスワップ金利

通貨ペア	買いスワップ	売りスワップ
EUR/JPY	960	-1010
EUR/USD	-900	820

注意してほしいのは、EUR/USDのスワップ金利です。EURとUSDを比較するとUSDの金利のほうが高いため、EUR/USDを買ったときはスワップ金利を支払うことになり、売ったときはスワップ金利がもらえる形になっています。この点が今までのケースと異なっているところに注意してください。

　両通貨ペアのスワップ金利を見れば一目瞭然ですが、一方の通貨ペアを買い、他方の通貨ペアを売るというポジションを取りつつ、スワップ金利をプラスにするためには「EUR/JPYを買い、EUR/USDを売る」ポジションを持つことになります。10万通貨単位を仕掛ければ、1日当たり1780円のスワップ金利を得られます。

　では、**図表3-9**で3月13日から4月11日までの両通貨ペアのレートを見てみましょう。

　これはEUR/USDをJPY換算するときの係数を115と設定して計算した結果です。買いポジションを持つEUR/JPYのレートから売りのポジションを持つEUR/USDをJPY換算したレートを差し引いた差額（スプレッド）を一番右に記載してあります。

第3章 FX Carry Hedge Trade の骨子

図表3-9 一定の係数でEUR/USDをJPYに換算

日付	EUR/JPY	EUR/USD	EUR/USD JPY 換算額	差額
2006/3/13	141.78	1.1928	137.17	4.61
2006/3/14	142.04	1.1968	137.63	4.41
2006/3/15	141.23	1.2020	138.23	3.00
2006/3/16	141.82	1.2063	138.72	3.10
2006/3/17	142.28	1.2174	140.00	2.28
2006/3/20	141.40	1.2173	139.99	1.41
2006/3/21	141.28	1.2134	139.54	1.74
2006/3/22	141.92	1.2099	139.14	2.78
2006/3/23	141.18	1.2074	138.85	2.34
2006/3/24	141.05	1.1969	137.64	3.41
2006/3/27	141.24	1.2036	138.41	2.83
2006/3/28	141.54	1.2000	138.00	3.54
2006/3/29	141.69	1.2024	138.28	3.41
2006/3/30	142.74	1.2168	139.93	2.81
2006/3/31	142.72	1.2118	139.36	3.36
2006/4/3	142.87	1.2139	139.60	3.27
2006/4/4	144.07	1.2257	140.96	3.11
2006/4/5	144.28	1.2291	141.35	2.93
2006/4/6	144.00	1.2231	140.66	3.34
2006/4/7	143.04	1.2090	139.04	4.01
2006/4/10	143.32	1.2111	139.28	4.04
2006/4/11	143.65	1.2146	139.68	3.97

図表3-10　EUR/JPYとEUR/USDのJPY換算とのスプレッド

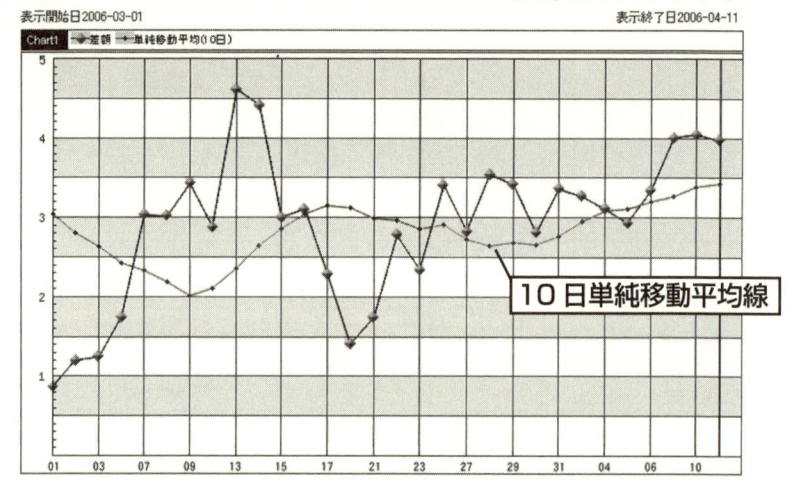

　次に、この期間に対応するスプレッドのチャートを見てみましょう。**図表3-10**を見てください。

　このチャートには、スプレッド以外に10日間の移動平均線も引いてみました。3月17日にスプレッドが平均線を大きく下回っていると分かります。ここをスプレッドの下値と見て、仕掛けたと仮定しましょう。

　残念ながら翌営業日の20日（18日、19日は土日で休場です）にはスプレッドがさらに落ち込み、含み損が出てしまいました。資金に余裕があれば、ここでさらにポジションを増すこともできるでしょう。その翌21日には多少持ち直しますが、ここでもまだ、含み損が生じている状態が続いています。結局、3月24日にスプレッドは、

10日移動平均線を上抜けます。この時点で手仕舞いという意思決定はできそうです。

　仮に今述べたように17日に10万通貨単位を仕掛け、20日にポジションをさらに倍に増やしたとすれば、損益はいくらになったか計算してみましょう。スワップ金利は、17日に仕掛けた分が8日分、20日に仕掛けた分が4日分となりますので、2万1360円です。

1780円×（8日＋4日）＝2万1360円

　一方、為替差損益は、スプレッドを使って計算すると次のようになります。

（3.41円－2.28円）×10万＋（3.41円－1.41円）×10万
＝31万3000円

　したがって、スワップ金利と為替差益の合計で……

2万1360円＋31万3000円＝33万4360円

という結果になります。ただし、この場合はJPY換算をするのに係数を用いているため、スプレッドで計算した為替差損益と実際の為替差損益には相違があります。それでも、係数を115と設定して、この当時のUSD/JPYのレートとほぼ同じ数字を利用しているため、大きな違いは生じないと思われます。

2．逆相関の検証

　次に逆相関について検証していきましょう。逆相関とは、2つの通貨ペアの相関係数が−1に近いもののことを言います。例えば、一方の通貨ペアのレートが上昇する局面で、他方の通貨ペアのレートが下落する関係を持つ2つの通貨ペアを検証するわけです。

　逆相関の関係を持つ2つの通貨ペアで為替リスクをヘッジするためには、双方の通貨ペアを買うか、あるいは双方の通貨ペアを売ることで可能になります。

　順位相関の場合は、一方の通貨ペアを買い、他方の通貨ペアを売ることでリスクヘッジを図りました。そして、買う通貨ペアのレートから売る通貨ペアのレートを差し引いたスプレッドを分析し、そのポジションの仕掛けと手仕舞いのタイミングを判断しました。

　では、双方買う、あるいは双方売ることでリスクヘッジを図る逆相関のケースでは、何を分析すれば、仕掛けと手仕舞いのタイミングを判断できるでしょうか？

　結論から言えば、双方の通貨ペアレートの合計額がその判断基準となります。逆相関のケースでは、双方の通貨ペアレートの「合計額をスプレッドと呼ぶ」ことにして話を進めます。

図表3-11 相関関係表（逆相関）

No.	通貨ペア1(買)	通貨ペア2(買)	レート1(中値)(買)	レート1×係数	レート2(中値)(買)	レート2×係数	相関係数 1800日	相関係数 1000日	SWAP金利	想定利回り	合計額	合計偏整値 100日	すうこね 表示
1	USD/CAD	AUD/USD	1.1408	114.08	0.7421	74.20	-0.94	-0.92	160	5.72	188.29	40.14	表示
2	USD/CAD	GBP/USD	1.1408	114.08	1.7828	178.28	-0.88	-0.76	460	10.30	292.36	60.84	表示
3	USD/CAD	NZD/USD	1.1408	114.08	0.6928	69.28	-0.94	-0.91	-170	-6.27	183.36	53.31	表示
4	USD/CHF	AUD/JPY	1.2693	126.93	86.93	86.93	-0.88	-0.70	-90	-3.22	213.86	39.38	表示
5	USD/CHF	AUD/USD	1.2693	126.93	0.7421	74.20	-0.90	-0.91	1,020	36.48	201.14	35.56	表示
6	USD/CHF	CHF/JPY	1.2693	126.93	92.29	92.29	-0.89	-0.67	900	31.37	219.22	44.36	表示
7	USD/CHF	EUR/JPY	1.2693	126.93	144.60	144.60	-0.93	-0.78	180	5.02	271.52	53.70	表示
8	USD/CHF	EUR/USD	1.2693	126.93	1.2344	123.44	-0.96	-0.99	2,010	56.05	250.37	55.23	表示
9	USD/CHF	GBP/USD	1.2693	126.93	1.7828	178.28	-0.94	-0.95	1,320	29.55	305.21	53.67	表示
10	USD/CHF	NZD/JPY	1.2693	126.93	73.84	73.84	-0.93	-0.74	-310	-11.85	200.78	33.45	表示
11	USD/CHF	NZD/USD	1.2693	126.93	0.6928	69.28	-0.96	-0.92	690	25.40	196.21	49.41	表示

また現実問題として、逆相関の関係を有する2つの通貨ペアのポジションを持った場合、双方売るというポジションでスワップ金利をプラスにするケースは、相関関係の高いもので限定して考えると、私が知るかぎりほとんどありません。したがって、逆相関のケースでは、双方買いポジションであることを前提にしたいと思います。

では、まず**図表3-11**の相関関係表（逆相関）を見てみましょう。いろいろな通貨ペアが出ていますが、ある程度逆相関の関係の強い通貨ペアを掲載したものです。ここに掲載されている通貨はすべてJPYが絡んでいない通貨ペアばかりです。どうも逆相関の通貨ペアは、JPYが絡んでいないケースが多いようです。

具体的に逆相関のケースのチャートを見てみましょう。**図表3-12**は「USD/CHF買い、EUR/USD買い」ポジションでの2005年12月14日〜2006年1月24日までのスプレッドのチャートです。

逆相関のケースでは、基本的には順位相関のケースとスプレッド

figure 3-12 「USD/CHF買い、EUR/USD買い」ポジション

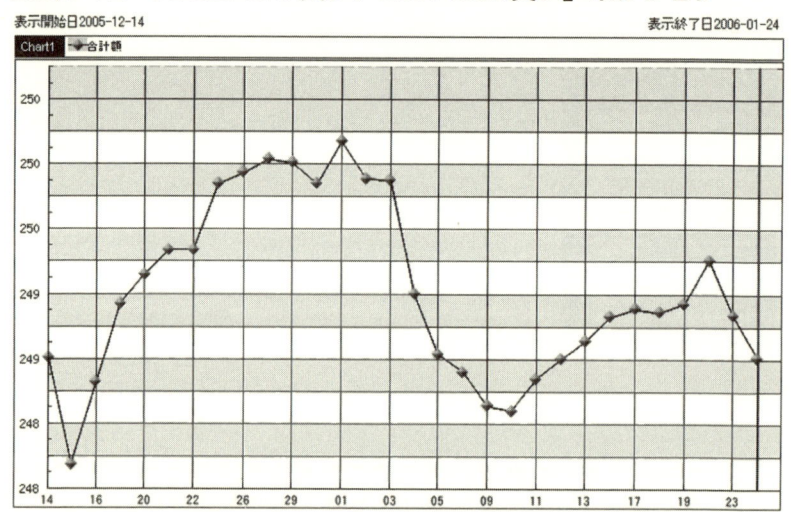

の計算方法が異なるだけです。それも通貨ペアのレートを引くか足すかの違いだけです。その他に関しては、順位相関と同様ですので、具体的な検証は割愛させていただきます。

3．FX Carry Hedge Tradeの骨子

ここでFX Carry Hedge Tradeの骨子をまとめてみましょう。

①高い相関関係のある2つの通貨ペアを探す。
②そこからスワップ金利を得られるような組み合わせを探す。
③そのポジションの為替変動リスクは、相関性ゆえに抑制されている。
④両者のスプレッドを分析して仕掛けどころと手仕舞いどころのタイミングを見つけ為替差益を積極的に狙う。

　スプレッドの分析手法に関しては、色々と考えられると思います。先ほど紹介した移動平均線だけでなく、次章で紹介するボリンジャー・バンドやストキャスティックス、MACD、RSI、乖離率といった「**テクニカル指標**」と呼ばれるツールが有効です。
　その他、まだ私が気づいていない手法があるでしょうし、十分に検証できていない手法もあります。**FX Carry Hedge Trade**の骨子を理解された上で、ぜひ読者の皆様にもいろいろと研究を重ねてい

ただきたいと思っています。そして何か良い分析手法を考案されたときは、ぜひご連絡をいただければ幸いです。

　ただし、重ねて強調しますが、「**損切り**」に関しては、ぜひルール化してください。損切りのルール化については、後ほど具体的な指針を提示しますので参考にしていただければと思います。

　通貨ペアの相関関係は「あくまでも過去のデータに基づくもの」です。通貨ペアの相関関係は、さまざまな要素が複雑に絡み合うことで決定されていくものであり、現在の相関関係を形作っている重要な要素（例えば、金利や貿易収支など）が将来大きく変化する可能性はないわけではありません。

　相関関係を形成する重要な要素に大きな変化が生じれば、過去に見られた相関関係が崩れる可能性は十分にあり得ることを常に念頭においておかなければなりません。相関関係が崩れてしまえば、それを前提にしている**FX Carry Hedge Trade**が機能しなくなる可能性はあるのです。

　しかし、実は**FX Carry Hedge Trade**も、相関関係のある一定時点の「崩れ」をその利益の源泉としています。つまり、**FX Carry Hedge Trade**は、通貨ペア間の相関関係が崩れたところで仕掛け、その崩れた相関関係が「いつもの」相関関係に修復したときに手仕舞うことで利益を出しているわけです。

　そして、崩れた相関関係が短期間で修正されないケースでは、損切りが必要となってくるのです。

休むも相場

　もう一点、強調しておきたいことがあります。それは「**ポジションを持たないことを"もったいない"と思わない**」ことです。特に、**FX Carry Hedge Trade**では、必ずスワップ金利がプラスになる形でポジションを持つことを推奨しています。そのため、ポジションを持っていないとスワップ金利が得られず、何だか損をした気持ちになり、無理にポジションを持ってしまう傾向があるのです。

　「**休むも相場**」という投資格言があります。ポジションを持とうとするときは、いつもこの格言を思い出し、自信を持って「今後スプレッドが上昇する」と言えるか考えてください。スワップ金利のつかない個別株の投資をしている個人投資家でさえ、休むことを苦手としている方が多いと言われるほどです。スワップ金利が毎日つくFX取引では、特にこの格言を意識することが重要となります。ポジションを持たなければ、少なくとも損をすることはないのです。「休むも相場」。非常に良い格言です。

第4章
スプレッドのテクニカル分析

1．テクニカル分析とは

　そもそも相場というものは、**安いときに買い、高いときに売れば利益が出る**という単純明快なものです。FX Carry Hedge Tradeもまた相場ですから、スプレッドが安いときに仕掛け、スプレッドが高いときに手仕舞えば利益が出ます。
　しかし「安い」「高い」という言葉自体はシンプルで分かりやすいのですが、実際に現在の価格水準が高いのか安いのかは、なかなか判断がつきません。その判断の目安を提供してくれるのがテクニカル分析なのです。
　テクニカル分析とは、過去の値動きにどのような傾向があるか分析することで将来の値動きを予測する分析手法を言います。実は、テクニカル分析がFX Carry Hedge Tradeで機能すると考えられる理由がそこにあるのです。FX Carry Hedge Tradeは相互に相関関係がある２つの通貨ペアを同時に仕掛けるわけですが、この「相互に相関関係がある」ことを前提にすると、ある一定スパンの中でスプレッドが推移していると言えるのです。つまり、スプレッドはボックス圏内で動いているわけです。
　テクニカル分析の手法のなかには、ボックス圏内の値動きに非常

に強い指標があります。その点に着目して、分析していくことが重要です。

　確かにテクニカル分析での分析結果自体に疑問を感じざるを得ないような状況が発生することがあるのも事実です。多くの市場参加者が同じテクニカル手法を利用すると、一般的にそのテクニカルの成績が落ちたり、多くの市場参加者がそのテクニカルを利用していることを逆手にとって意思決定をする市場参加者がいたりするからです。しかし、今のところFX市場では、スプレッドをテクニカルで分析して投資意思の決定をしている市場参加者はごく少数でしょう。したがって、スプレッドのテクニカル分析は、非常に有効であると思います。

　テクニカル分析と同じぐらい有名な分析手法に「ファンダメンタル分析」があります。ファンダメンタル分析とは、相場を動かす要因となり得るファンダメンタルズを分析して値動きを予測する分析手法を言います。しかし、本書のテーマに必要なわけでもないのでファンダメンタルズ分析について詳しく述べることはしません。

　本書では私が実際に利用している、もしくは何度も検証を重ねたテクニカル指標に限定して説明しています。しかし、それら以外にも相当数の指標があります。FXを主な対象としたテクニカル分析の本はほとんど出ていませんが、個別株を対象としたものであっても、**FX Carry Hedge Trade**の分析に十分に活用できるはずです。それらを参照して**FX Carry Hedge Trade**をさらに研究していただければと思います。

　なお本書での解説はすべて日足をベースにしています。

2．単純移動平均線

単純移動平均線とは

単純移動平均線（Simple Moving Average）は、当日から遡って過去何日分かの価格を平均した数値を当日に記入し、それを繋いだ線です。単に移動平均線と呼ばれたり、「SMA」の略称で呼ばれたりすることもあります。ここではSMAと呼びましょう。n日間のSMAの計算方法は次のとおりです。

$$SMA = \frac{C + C_1 + C_2 + \cdots\cdots + C_{n-1} + C_{n-1}}{n}$$

C: 当日の価格（通常は終値）　Cn: n日前の価格　n：期間

エクセルで算出する際には「AVERAGE（平均したい範囲を指定）」という関数を用いれば、簡単にSMAの値を求めることができます。

図表4-1 「EUR/JPY買い、CHF/JPY売り」のスプレッドと5日SMA

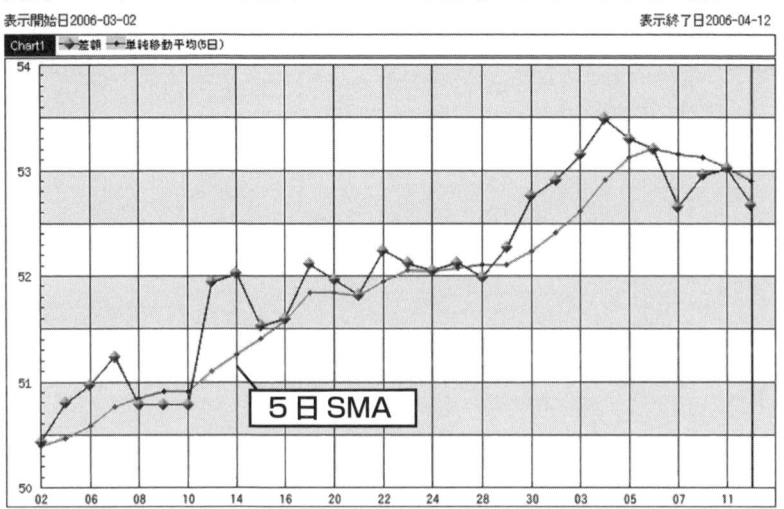

表示開始日2006-03-02　　　　　　　　　　　　　　　　　表示終了日2006-04-12

　ほとんどの場合、SMAは実際のスプレッドに合わせて描画されます。**図表4-1**は、FX Carry Hedge Tradeシステムで「EUR/JPY買い、CHF/JPY売り」のポジションを取ったときのスプレッドのチャートと、5日間のSMAを描画したものです。

　さて、SMAに限らず、テクニカル指標には「パラメータ」と呼ばれる変数が存在します。SMAの計算式で言えば、nをいくつに設定するかがパラメータになります。ひとことでSMAと言っても、パラメータを何日に設定するかで、その形状は変わってくるわけです。

図表4-2　10日SMAと20日SMA

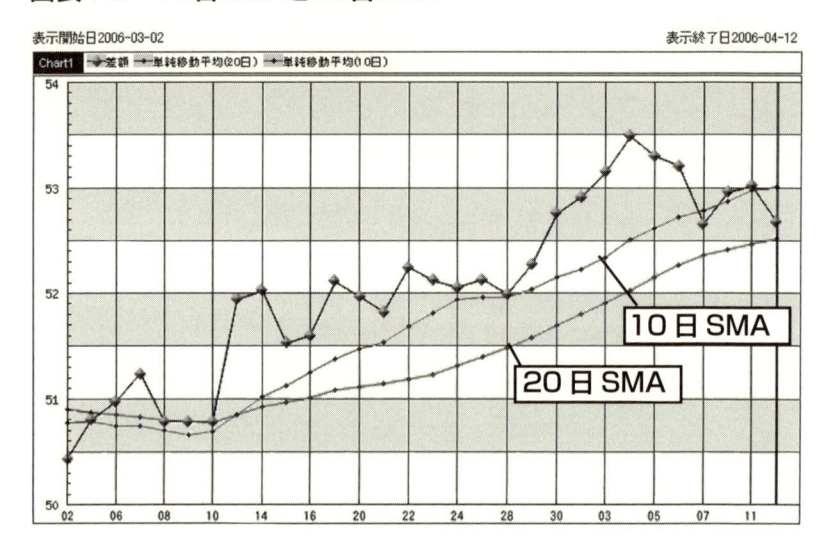

　図表4-2も図表4-1と同様のスプレッドのチャートですが、10日間と20日間をそれぞれパラメータに指定したSMAを2本描画しています。
　少し分かりにくいかもしれませんが、横目盛10と14の間で2本の移動平均線をクロス（交差）していることが確認できると思います。ここでクロスして上に突き抜けた線が10日SMAであり、他方が20日SMAとなります。SMAはパラメータが大きくなればなるほど、より緩やかな線となります。

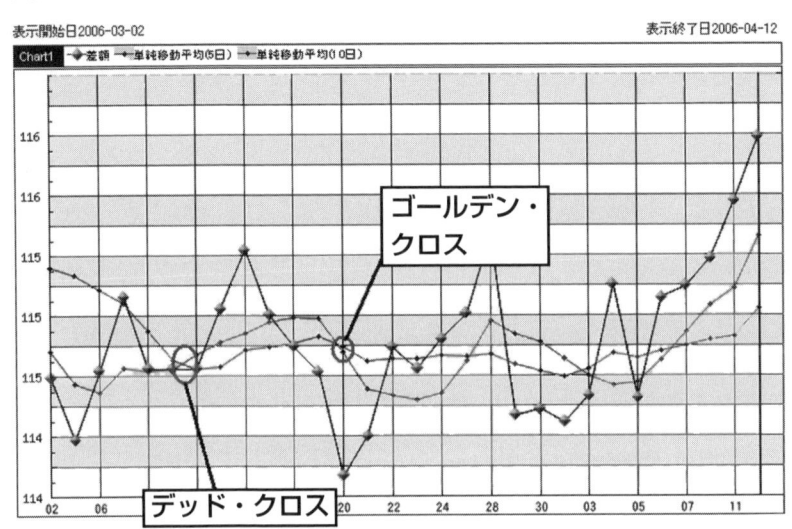

図表4-3　ゴールデン・クロスとデッド・クロス

SMAのクロス戦略

SMAによる分析手法で有名なのが、短期と長期の2本のSMAを用いて、そのクロス地点に着目する手法です。短期線が長期線を下から上に突き抜けたところを「ゴールデン・クロス」、反対に短期線が長期線を上から下に突き抜けたところを「デッド・クロス」と呼びます（**図表4-3**）。

一般的にゴールデン・クロスは買いサインを、デッド・クロスは売りサインを示すと言われています。これをFX Carry Hedge Tradeに当てはめるならば、ゴールデン・クロスで仕掛け、デッ

ド・クロスで手仕舞うことになるでしょう。本書では、買いサインのことを「仕掛けサイン」、売りサインのことを「手仕舞いサイン」と言い換えることとします。

　さて、このゴールデン・クロスとデッド・クロスのサインに基づいた仕掛けと手仕舞い戦略ですが、ゴールデン・クロスもデッド・クロスも、単純平均線の短期と長期のパラメータをいくつに設定するかによって、その出現ポイントが異なってきます。したがって、この分析をするには、短期と長期のSMAのパラメータをいろいろな数値で設定してみて、一番パフォーマンスが高いと思われる組み合わせを検証するという作業が必要になってくるでしょう。

　ただし、私はこの短期と長期の2本のSMAのクロスによる分析は、大きな流れを捉えるには有効かもしれませんが、ボックス圏内で動くと考えられるスプレッドの分析には少々不向きであると考えています。FX Carry Hedge Tradeでは、長短2本の単純平均線のクロスを用いるよりも1本だけを用いて現状のスプレッドの価格が相対的に安いか高いかの判断に用いたり、後ほど簡単に説明する他のテクニカルと併せて利用したりすることで威力を発揮するようです（ただし、SMAのパラメータに何日を利用することが最適な判断か検証する必要はあります）。

図表4-4 「GBP/JPY買い、EUR/JPY売り」を長短SMAで判断

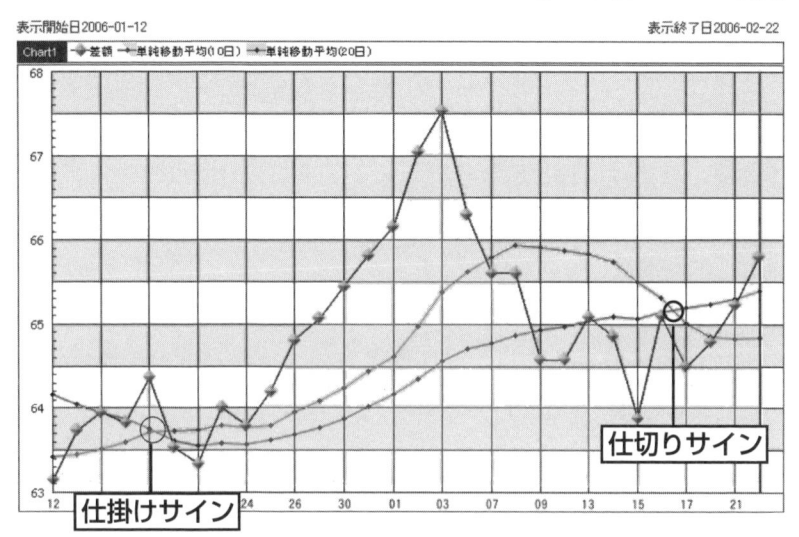

表示開始日 2006-01-12　　　　　　　　　　　　表示終了日 2006-02-22

（チャート：差額、単純移動平均（10日）、単純移動平均（20日）。仕掛けサインと仕切りサインが示されている）

SMAクロス戦略の検証例

では、具体的な検証例を紹介しましょう。先ほど「ゴールデン・クロス、デッド・クロスによる意思決定は、あまりFX Carry Hedge Tradeには向かない」と述べましたが、まずはこの意思決定方法の検証をしてみます。

図表4-4は、2006年1月12日から2006年2月22日までの「GBP/JPY買い、EUR/JPY売り」ポジションを建てた場合のスプレッドのチャートです。短期移動平均線のパラメータは10日、長期移動平均線のパラメータは20日に設定しています。

さて、**図表4-4**を見ると、２月18日あたりで短期線が長期線を下から上に突き抜けていることが確認できると思います。つまり、ここがゴールデン・クロス＝仕掛けポイントです。

正確には、18日から19日に移り変わる段階でクロスが生じていますので、仕掛けは19日になるでしょう。１月19日時点でのスプレッドの水準は63.53円であり、スプレッドは２月３日には67.52円まで上昇しています。

しかし、デッド・クロスが生じるのは、そのかなり後の２月16日から17日の間です。そして17日時点でのスプレッドの水準は64.49円でした。つまり、10万通貨単位でこの戦略を執行した場合、為替差益は９万6000円となります。

（64.49円－63.53円）×10万＝９万6000円

スワップ金利については、このケースでは１日当たり1450円で、１月19日から２月17日まで約30日間あるので、４万3500円となります。

1450円×30日間＝４万3500円

合計すると13万9500円程度の利益となります。

このゴールデン・クロスとデッド・クロスに基づく意思決定が、あまりFX Carry Hedge Tradeに向いていないことは、このケースでも明らかです。２月３日に67.52円までスプレッドが拡大してい

るのに、ようやくデッド・クロスによる手仕舞いサインが出たのは、64.49円までスプレッドが落ち込んだところだったのです。

そこで、仕掛けサインはそのままゴールデン・クロスとして、手仕舞いサインを「スプレッドが短期線から1円50銭上回ったところ」に設定してみます。すると、このケースで手仕舞いサインは2月1日に出ました（スプレッドが66.15円、短期線が64.61円）。その他は先ほどと同じ条件で、このケースの損益を計算すると28万2300円です。

（66.15円－63.53円）×10万＋1450円×14日間＝28万2300円

このケースからも分かるように、SMAを利用して意思決定をしようとするならば、単純にゴールデン・クロスとデッド・クロスに頼らないほうが、パフォーマンスが向上すると考えられます。

SMAとの乖離戦略の検証例

では、次にSMAを1本だけ使ってゴールデン・クロスやデッド・クロスというサインに頼らない意思決定方法の検証例を紹介しましょう。**図表4-5**は、2005年12月21日から2006年2月31日の「GBP/JPY買い、CHF/JPY売り」のチャートです。

図表4-5 「GBP/JPY買い、CHF/JPY売り」を25日SMAのみで判断

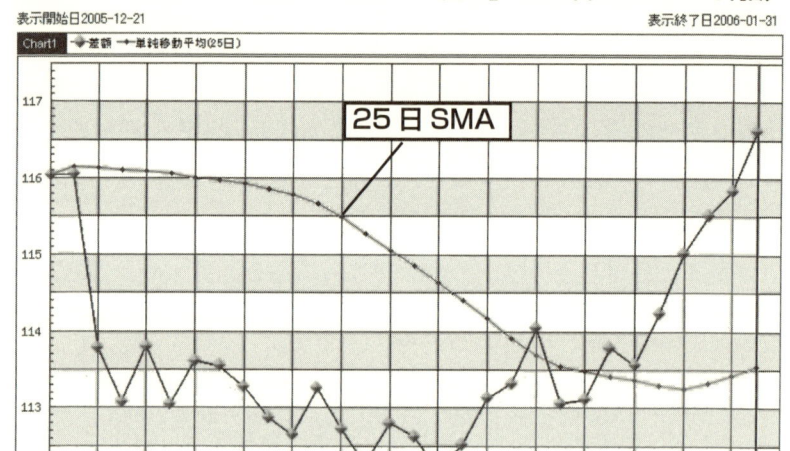

　このケースではSMAのパラメータを25日にしました。仕掛けと手仕舞いのタイミングは「スプレッド価格がSMAより3円以上低くなった段階で仕掛け、2円以上高くなった段階で手仕舞いをする」というルールに従うものとします。
　このケースでは、スプレッド（113.07円）がSMA（116.09円）より3円以上低くなった12月27日に仕掛けることになります。そしてスプレッド（115.5円）がSMA（113.32円）より2円以上高くなった1月29日に手仕舞いとなります。
　このケースでの損益を計算してみますと31万8250円の利益となります（10万通貨単位、スワップ金利は1日当たり2150円）。

（115.5円 − 113.07円）×10万 + 2150円×35日間 = 31万8250円

　仕掛けた直後の年末から1月16日くらいまでスプレッドが低迷するので、少し不安になる局面もあるかもしれません。しかし、それが我慢できれば、このようなパフォーマンスを享受できたわけです。

3. 指数平滑平均線

指数平滑平均線とは

指数平滑平均（指数平準平均、EMA）は、SMAのような一定期間内の平均値ではなく、指数平滑法によって保有する過去のデータをすべて計算に入れ、しかも当日の数値の比重を高くした加重平均です。具体的な計算式は次のとおりです。

$$1日目のEMA = \frac{C + C_1 + C_2 + \cdots\cdots + C_{n-1} + C_{n-1}}{n}$$

$$2日目以降のEMA = 前日のEMA + \frac{2}{n+1}(C - 前日のEMA)$$

C：当日の価格（通常は終値）　C_n：n日前の価格　n：期間

EMAをエクセルで計算する場合、1日目はSMAと同様に「AVARAGE関数」を利用しますが、2日目以降は特別な関数はな

図表4-6 EMA

表示開始日 2006-03-03　　　　　　　　　　　　　　　表示終了日 2006-04-13

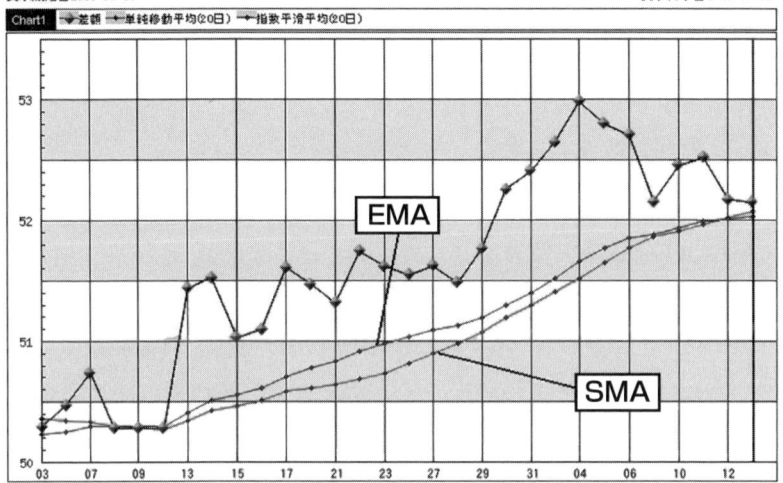

いため、単純に式を入力して計算することになるでしょう。

　この計算式を見れば分かるように、前日の数値を加味しながら、新しいEMAを計算していきます。だからこそ「保有する過去データをすべて計算に入れている」と言えるわけです。そのため、保有する過去データがどれくらいあるかによってEMAの計算結果は異なってきます。一般に、過去データが豊富であればあるほど、EMAの値は理論的な数値を示すと考えられています。

　FX Carry Hedge Tradeシステムでは、1999年1月からの通貨ペアレートをデータベース化しておりますので7年以上のレートが加味されたスプレッドのEMAを計算することができます。このシス

テムで、同じパラメータ（20日）のEMAとSMAを示してみましょう。**図表4-6**をご覧ください。

　このケースでは、おおむねEMAのほうがSMAよりも上にあると分かるかと思います。大差はありませんが、確かにEMAとSMAではその形状、計算結果が違うことを認識してください。

MACDの基本

　EMAによる分析は、SMAとほぼ同じで、長期と短期の2本のEMAのクロスに着目することが一般的です。したがって、このようなEMAの利用法はスプレッドの分析には不向きであると私は思います。

　ただし、EMAは後ほど紹介する「MACD」というテクニカル指標の元になるものです。MACDは非常に重要なテクニカル指標だと考えておりますので、その理解を深めるためにも、EMAの概念について知っていただきたいと思います。

4．ボリンジャー・バンド

ボリンジャー・バンドとは

ボリンジャー・バンドは、ジョン・A・ボリンジャー（John. A. Bollinger）氏によって開発されたテクニカル指標です。SMAの上下に値動きの変動幅を示す線（バンド）を引いて表示されます。

図表4-7を見てください。スプレッドの価格チャート以外の線が全部で5本出ています。真ん中の線を除いた上下4本のチャートがボリンジャー・バンドです。上からボリンジャー・バンド＋2σ、ボリンジャー・バンド＋1σ、25日SMA、ボリンジャー・バンド－1σ、ボリンジャー・バンド－2σとなります。

ボリンジャー・バンドは、ボラティリティ（市場の変動性）を統計学的に考慮することで、SMAの上下に標準偏差σを足し引きして、価格帯のバンドを形成しています。統計学的に計算すると、ボリンジャー・バンドの＋1σ～ボリンジャー・バンドの－1σの間に価格が決まる可能性が68％、ボリンジャー・バンド＋2σ～ボリンジャー・バンド－2σの間に価格が決まる可能性が96％となります。

逆説的に言えば、ボリンジャー・バンド＋2σ～ボリンジャー・

図表4-7　スプレッドとボリンジャー・バンド

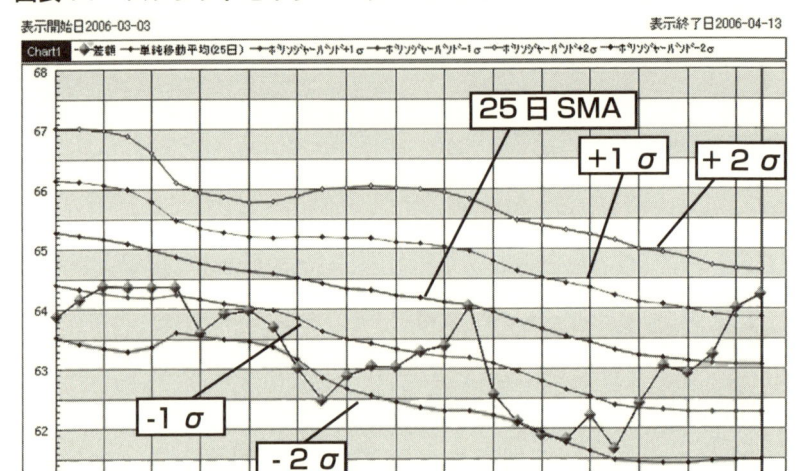

バンド−2σの間を外れて価格が変動することは全体の4％しかないということになります。

では、ボリンジャー・バンドを計算するための基礎となる標準偏差の計算式について記しておきましょう。

$$標準偏差(\sigma) = \sqrt{(n \times \sum_{k=0}^{n-1} C_k^2 - (\sum_{k=0}^{n-1} C_k)^2) \div (n \times (n-1))}$$

C_0：当日の価格　　C_n：n日前の価格　　n：期間

図表4-8　標準偏差の計算

日付	価格	価格の２乗
３月１日	100.00	10,000.00
３月２日	103.00	10,609.00
３月３日	104.00	10,816.00
３月６日	108.00	11,664.00
３月７日	102.00	10,404.00
３月８日	110.00	12,100.00
３月９日	111.00	12,321.00
３月10日	111.00	12,321.00
３月13日	112.00	12,544.00
３月14日	115.00	13,225.00
合計額	1,076.00	116,004.00

　厳密に言うと、この計算式の結果は「標準標本偏差」です。標準偏差と標準標本偏差は、ほとんど同じ概念ですが、計算結果に多少の相違があります。ただし、その相違は小さいため、どちらで計算してもFX Carry Hedge Tradeには大きな問題はありません。したがって、どちらを利用しても構わないのですが、ここでは説明を一本化するために、標準標本偏差を「標準偏差」として利用します。

　ボリンジャー・バンドは標準偏差（σ）を同期間のSMAに加減したものとなります。つまり、標準偏差（σ）をSMAに加算したものがボリンジャー・バンド＋１σ、減算したものがボリンジャー・バンド－１σとなり、標準偏差（σ）を倍にして、SMAに加算したものをボリンジャー・バンド＋２σ、減算したものがボリンジャー・バンド－２σとなるわけです。

実際に標準偏差を計算してみましょう。**図表4-8**のような値動きをする通貨ペアがあったとします。この場合、ボリンジャー・バンドのパラメータ（n）を10期間として標準偏差を計算してみましょう。

　このケースでは、標準偏差（σ）は5.01です。3月14日における10日SMAは107.6円となるため、ボリンジャー・バンドはこの107.6円を中心に標準偏差（σ）を足し引きして計算されます。

ボリンジャー・バンド＋2σ＝107.6円＋5.01円×2＝117.62円
ボリンジャー・バンド＋1σ＝107.6円＋5.01円＝112.61円
ボリンジャー・バンド－1σ＝107.6円－5.01円＝102.59円
ボリンジャー・バンド－2σ＝107.6円－5.01円×2＝97.58円

　また、エクセルでは「STDEV（範囲）」関数を利用して簡単に標準偏差の計算結果を算出することができます。

バンドの使い方

　一般的に－2σのバンドに価格が接近した地点を仕掛け時点として認識します。ただし、どれくらい接近した地点を仕掛けサインと見るかで結果も当然異なってきますので、この点をいろいろ検証する必要がありそうです。
　また、＋2σのバンドに価格が接近した地点を「売りサイン」と解説している本が多々あります。もちろん、この地点を手仕舞いサ

図表4-7 スプレッドとボリンジャー・バンド（再掲）

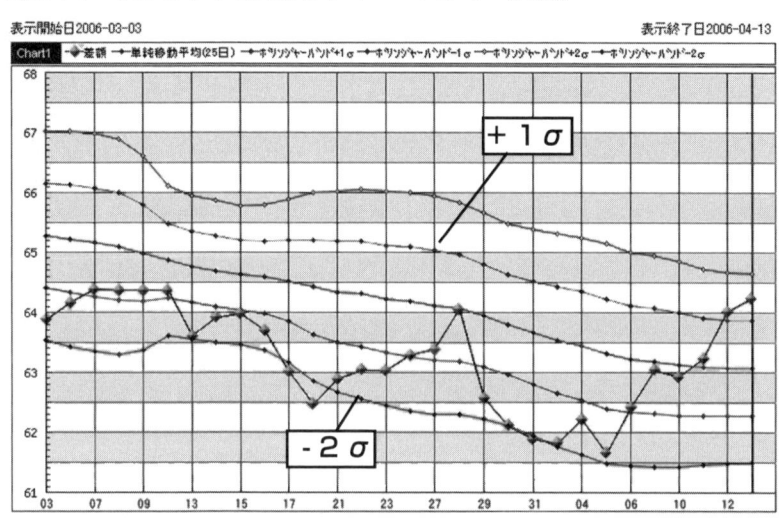

インとすることも可能ですが、SMAを超えたところで手仕舞いサインにするなど、いろいろなやり方を検証する必要があるでしょう。

さらに、ボリンジャー・バンドのパラメータ（期間）をどう設定するかによっても当然結果は異なります。

個人的には、ボリンジャー・バンドがFX Carry Hedge Tradeの意思決定にかなり向いている指標であると感じています。検証を何度も繰り返すことで、収益性が向上するという考えです。

先ほどの**図表4-7**をもう一度掲載します。このチャートで具体的な検証例を紹介しましょう。

図表4-7は、2006年3月3日から2006年4月14日までの「GBP/

JPY買い、EUR/JPY売り」ポジション用のチャートです。ボリンジャー・バンドのパラメータは25日を取っています。

　仕掛けサインをスプレッドが－2σを下回った時点、手仕舞いサインをスプレッドが＋1σを超えた時点と決めた場合、3月17日にスプレッドの価格が63.01円、－2σが63.16円ですので、この時点で仕掛けることになります。そして価格が＋1σを超えるのは4月12日です。その日の価格と＋1σの値は、それぞれ64.01円、63.87円となっています。

　これをもとに10万通貨単位で仕掛けたとして、損益を計算してみると、スワップ金利が27日間ですので、約13万7530円の利益となります。

　　スワップ部分　　1390円×27日＝3万7530円
　　為替差損益　　（64.01円－63.01円）×10万＝10万円
　　合計　　　　　3万7530円＋10万円＝13万7530円

バンドで逆相関を検証

　では、次に逆相関のケースをボリンジャー・バンドで検証してみたいと思います。

　図表4-9は2005年12月1日から2006年1月11日までの「USD/CHF買い、EUR/USD買い」ポジション用のスプレッドと、パラメータを30日間に取ったボリンジャー・バンド－1σと＋2σのチャートです。CHFとUSDの係数は100を利用してスプレッドを計算し

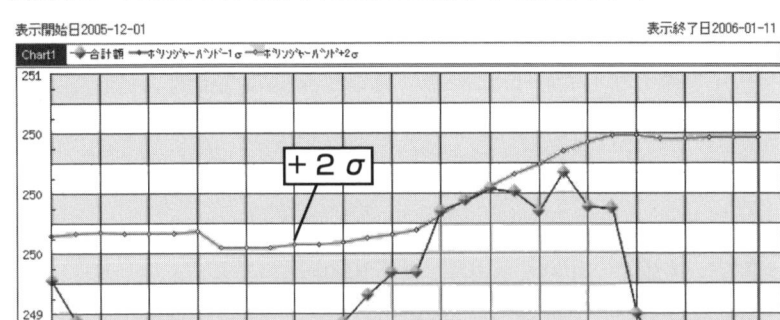

図表4-9 「USD/CHF買い、EUR/USD買い」とボリンジャー

ました。

　この損益計算は、厳密な計算結果とは異なります。大きな差異は生じないと思いますが、係数を前提に損益計算をしていることを念頭に置いておくようにしてください。

　今回の戦略は「スプレッドがボリンジャー・バンド－1σを下から上に突き抜けた所を仕掛けサインに、スプレッドが＋2σを越えたら手仕舞いサイン」として検証してみます。

　2005年12月14日にスプレッドは、前日の248.42円から反発、248.81円へと上昇した際に、ボリンジャー・バンド－1σを下から上に突き抜けました。ここが仕掛けのタイミングとなります。

その後、スプレッドは15日に70銭弱の下げをみせますが、翌日から上昇に転じ、23日には249.88円まで上昇、ボリンジャー・バンド＋2σを越えました。これが手仕舞いサインとなります。
　このとき１日当たりのスワップ金利が2100円（10万通貨単位当たり）でした。したがって、この売買は計12万8000円の利益です。

スワップ部分　　2100円×10日＝２万1000円
為替差損部分　（249.88円－248.81円）×10万＝10万7000円
合計　　　　　　12万8000円

　テクニカル指標を使った検証をする際、ポイントとなるのは①利用するテクニカル指標、②テクニカル指標のパラメータ、③仕掛けるタイミング、④手仕舞うタイミング……を過去のデータから広範に調査していくことです。
　またボリンジャー・バンドの詳しい利用法については、同指標の開発者本人が著した原典『ボリンジャーバンド入門』（パンローリング）をご覧ください。

5．ストキャスティックス

ストキャスティックスとは

　ストキャスティックスとは、過去一定期間につけた最高値を1、最低値を0としたとき、現在の価格が0～1のどこに位置するかという「％K」、ある期間の％Kを移動平均で計算した「％D」、％Dをさらにある期間の移動平均で計算した「S％D」という、3つのラインからなるテクニカル指標です。相互のクロスで仕掛けと手仕舞いのタイミングを判断するのが一般的です。

　比較的ボックス圏内の値動きに対して強いと言われているテクニカル指標であるため、FX Carry Hedge Tradeシステムに実装してみました。しかし、私が検証したかぎり、それほど望ましい結果は出ていません。

　とは言っても、私の検証が十分とは言い切れませんし、相性が良くなる可能性が全くないわけではありません。さらにいろいろな角度から検証する必要があるとは思っています。

図表4-10　スプレッドとストキャスティックス

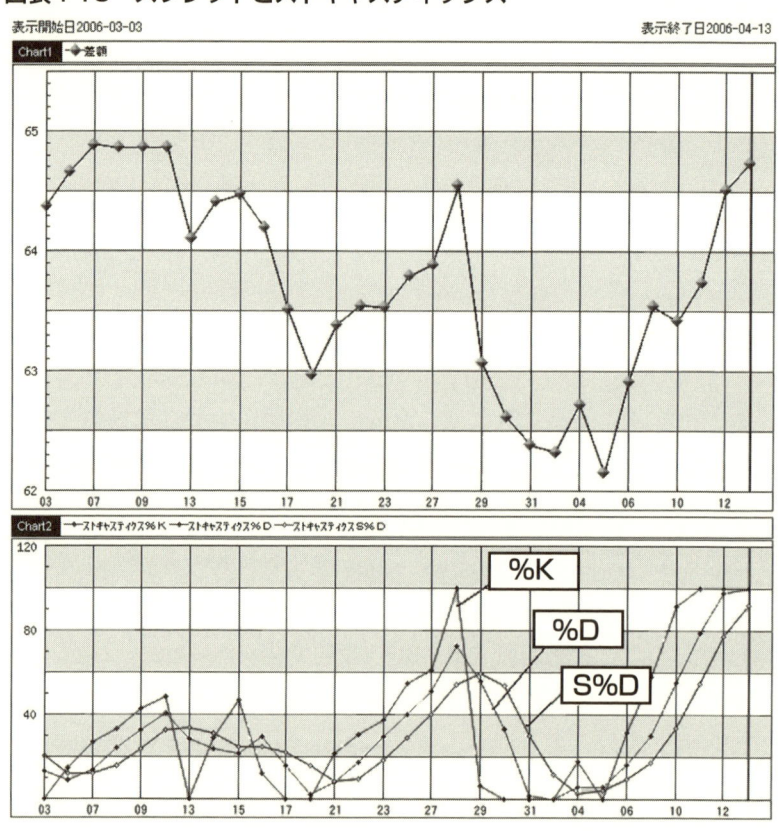

　図表4-10をご覧ください。最も動きが滑らかでないものが％K、一番滑らかなものがS％D、その中間が％Dです。今まで紹介してきたテクニカル指標は、価格チャートと同じところに描画してきましたが、ストキャスティックスは、横軸だけ揃えて、別のチャート

で表示します。この後にご紹介するテクニカル指標は、すべてストキャスティックスと同様、価格が描画されているチャートと別のチャートで表現されることになります。

ストキャスティックスの計算式は次のとおりです。

$$\%K = \frac{(\text{最近の終値} - \text{過去}k\text{日間の最安値})}{(\text{過去}k\text{日間の最高値} - \text{過去}k\text{日間の最安値})} \times 100\%$$

$$\%D = \frac{\text{直近}d\text{日間の}(\text{直近の終値} - \text{過去}k\text{日間の最安値})\text{の合計}}{\text{直近}d\text{日間の}(\text{過去}k\text{日間の最高値} - \text{過去}k\text{日間の最安値})\text{の合計}} \times 100\%$$

$$S\%D = \%D\text{の}sd\text{日間の移動平均}$$

さて、ストキャスティックスは、上記の計算式を見ていただければ分かるように、パラメータが3つ出てくることになります。計算式で示した記号を用いれば、k、d、sdの3つです。

今までご紹介してきたテクニカル指標は、ひとつしかパラメータが出てきませんでした。しかし、このように複数のものもあるわけです。テクニカル指標で分析するには、このパラメータをいろいろいじりながら検証すると述べましたが、3つあると少し大変です。

テクニカル分析の解説書を見ると、d、sdのパラメータに関しては、どちらも「3」で固定されているケースがほとんどです。つまり、kのパラメータを設定するだけで3本のストキャスティックス

図表4-11　ストキャスティックスの計算

日付	価格	最大値	最小値	価格−最小値	%K	%D	S%D
3月1日	100.0						
3月2日	110.0						
3月3日	115.0	115.0	100.0	15.0	100.00%		
3月6日	108.0	115.0	108.0	0.0	0.00%		
3月7日	109.0	115.0	108.0	1.0	14.29%		
3月8日	108.5	109.0	108.0	0.5	50.00%	55.00%	
3月9日	120.0	120.0	108.5	11.5	100.00%	49.06%	
3月10日	111.0	120.0	108.5	2.5	21.74%	50.00%	
3月13日	112.0	120.0	111.0	1.0	11.11%	46.97%	
3月14日	110.0	112.0	110.0	0.0	0.00%	44.12%	49.03%
3月17日	111.0	112.0	110.0	1.0	50.00%	18.37%	41.70%
3月18日	110.5	111.0	110.0	0.5	50.00%	17.86%	35.46%

が計算される結果となっています。

　ただし、私が検証したかぎりでは、dとsdに「3」を入れることでストキャスティックスが最大限に機能するとは必ずしも言えないようです。dとsdのパラメータを色々いじって検証したほうが面白い結果が出てきます。

　さて、具体的にストキャスティックスの数値を計算してみましょう。先ほどの計算式で、kの値を3、dの値を4、sdの値を5として計算します。

　図表4-11をご覧ください。まず％kから計算してみましょう。kのパラメータは「3」なので、3日を含めて過去3日間の数字を見ます。最も高い値段が3日の115.0円、最も低い値段が1日の100.0円ですので、％Kの分母は115.0円−100.0円＝15.0円となります。一方、3日の現在価格は115.0円ですので、分子は115.0円−100.0円＝

15.0円です。したがって、％Ｋは15.0円÷15.0円＝100.0％となります。

以下すべて同じです。確認のため７日の％ｋの計算をしてみましょう。

（109.0円－108.0円）÷（115.0円－108.0円）
＝1.0円÷7.0円
＝14.29％

次に％Ｄです。例として８日の％Ｄを出してみましょう。Ｄのパラメータを４としていますので、３日から８日までの最大値の合計から最小値の合計を引くことで分母が計算されます。また、分子は３日から８日までの価格から最小値を引いた額の合計となります。

（15.0円＋0.0円＋1.0円＋0.5円）÷［（115.0円＋115.0円＋115.0円＋109.0円）－（100.0円＋108.0円＋108.0円＋108.0円）］
＝16.5円÷30.0円
＝55.00

最後にＳ％Ｄですが、これはもう簡単です。％Ｄを単純平均すればよいのです。パラメータは５となりますので14日は（55.00％＋49.06％＋50.00％＋46.97％＋44.12％）÷５＝49.03％となります。

ファストとスローのタイミング

　％K、％D、S％Dの3本の線のクロスで仕掛けと手仕舞いを判断することが一般的です。この3本の線の見方は2つあります。％Kと％Dに焦点をあて、％Kが％Dを下から上に突き抜けたところを仕掛けサイン、逆に％Kが％Dを上から下に突き抜けたところを手仕舞いサインとする「ファスト・ストキャスティックス」がひとつ。もうひとつは％DとS％Dに焦点をあて、％DがS％Dを下から上に突き抜けたところを仕掛けサイン、逆に％DがS％Dを上から下に突き抜けたところを手仕舞いサインとする「スロー・ストキャスティックス」があります。

　一般的に％Kの動きは直線的で、角度を急激に変える特性を持っていることから、クロスが出すぎて、いわゆる「ダマシ」と呼ばれる誤サインが多発する傾向があります。そのためファスト・ストキャスティックスよりもスロー・ストキャスティックスを利用されている方が多いようです（再掲した**図表4-10**をご参考ください）。

　ただし、それでも「ダマシ」が激減するわけではありません。特に指標が100％に近い水準で仕掛けサインが出た場合は、そのサインに信頼性が欠けていることが多いようです。したがって、ストキャスティックスのクロスによって検証する場合、どの水準でクロスしているか考慮する必要があります。

　例えば「60％以上の水準で仕掛けサインのクロスが生じた場合、そのサインは『ダマシ』とみなして仕掛けない」などのルールを決めるわけです。経験的には、それでパフォーマンスが改善されまし

第4章　スプレッドのテクニカル分析

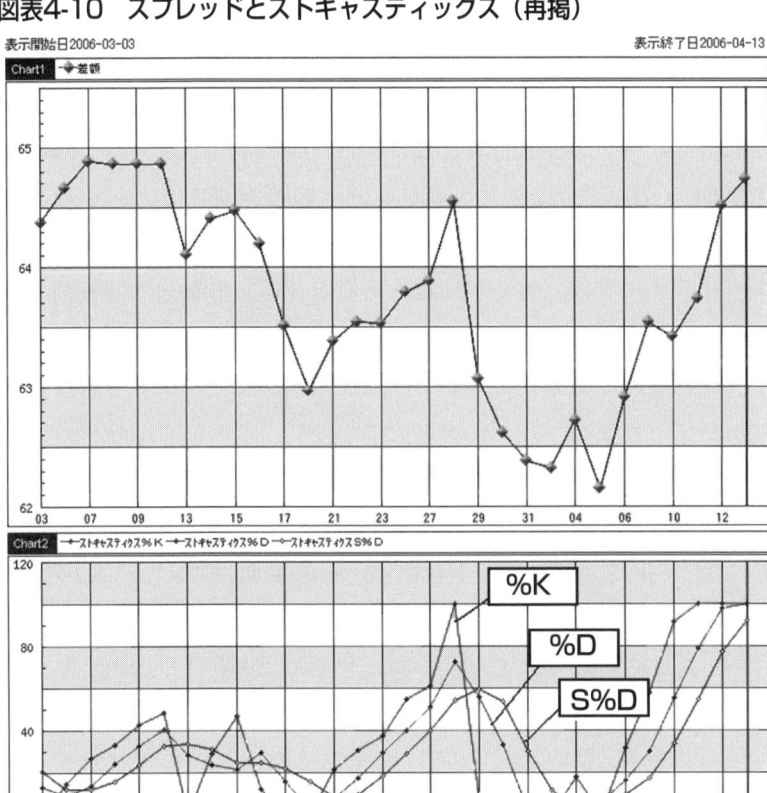

図表4-10　スプレッドとストキャスティックス（再掲）

表示開始日2006-03-03　　　　　　　　　　　　　　表示終了日2006-04-13

た。このように「フィルター」で仕掛けサインの精度を上げるアプローチがあります。ただし、スロー・ストキャスティックスであっても、私が検証したところでは、FX Carry Hedge Tradeであまり良い結果が出ていません。

では具体的に検証例を紹介しましょう。個人的に使いやすいこともあり、スロー・ストキャスティックスでクロス戦略を検証してみたいと思います。

図表4-12は、2005年11月25日から2006年1月4日までの「GBP/JPY買い、CAD/JPY売り」ポジションのスプレッドと、それに対応するストキャスティックスのチャートです。ストキャスティックスのパラメータは、％Kが10日、％Dが3日、S％Dが8日間を利用しています。

11月28日に、％Dが4.23％、S％Dが2.69％という水準になり、％DがS％Dを下から上に突き抜けたので、この時点で仕掛けサインが発生しました。いずれもかなり低い水準での仕掛けサインのクロスとなりますので、信頼性は高いと判断してもよさそうです。28日に102.57円でスプレッドを仕掛けたとします。

その後、スプレッドは12月13日に108.55円水準まで上昇しました。しかし、この時点ではまだ手仕舞いサイン（クロス）は出ておらず、今回のルールでは手仕舞いをしません。手仕舞いをしたのは、％DがS％Dを上から下に突き抜けた翌日です。ただしスプレッドは108.02円と50銭以上も下げています。

このケースでは、1日当たりのスワップ金利が10万通貨単位で1340円でした。したがって、損益は56万7780円となります。

スワップ部分：1340円×17日＝2万2780円
為替差損益　：（108.02円－102.57円）×10万＝54万5000円
合計　　　　：2万2780円＋54万5000円＝56万7780円

図表4-12 「GBP/JPY買い、CAD/JPY売り」とストキャスティックス

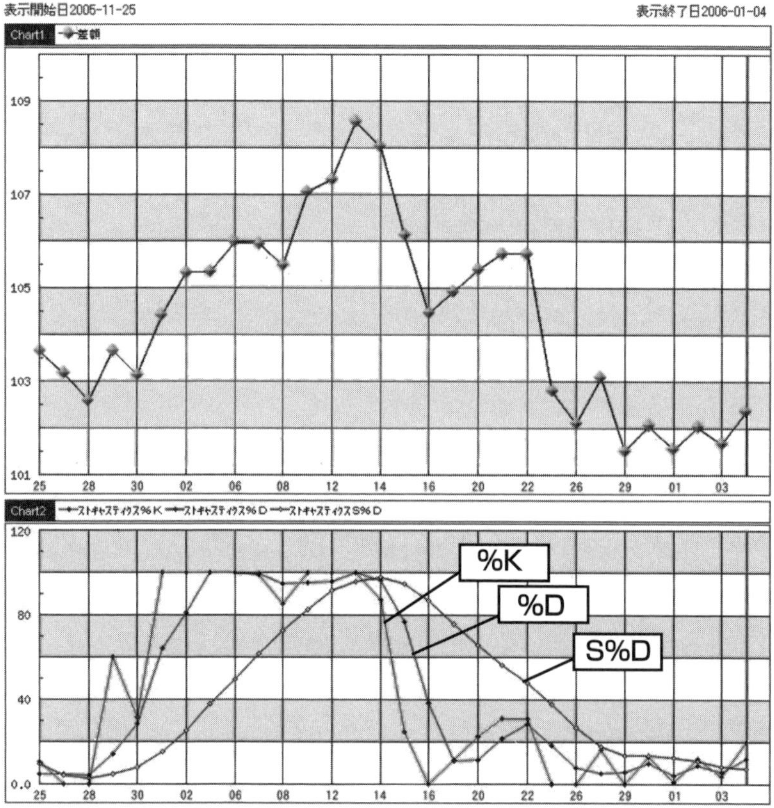

大勝利です。「クロスでの意思決定はあまり良い結果が出ていない」と述べましたが、このように大きく勝てることもあります。いろいろな角度で検証することが重要であるという典型でしょう。

ただし、私が検証を重ねたかぎりでは、このルールで勝てたの

は「たまたま」という印象です。クロスを見るというよりも、ストキャスティクスを「売られ過ぎ」「買われ過ぎ」を見る指標として利用したほうが有効であると個人的には考えています。

％Ｄのタイミング

もともとストキャスティクスの概念は、現在の価格が過去の価格のレンジ（最大値と最小値の中の）のどのあたりに位置しているか計算することにあります。その性質を考えれば、過剰指標として見ることは論理的であるわけです。

例えば、％Ｄだけに着目して「％Ｄが20％を割ったら仕掛けサイン、60％を超えたら手仕舞いサイン」にするとか、「％Ｋと％Ｄがいずれも20％を割ったら仕掛けサインで、いずれかが60％を超えたら手仕舞いサイン」といったルールが、かなりFX Carry Hedge Tradeに向いていました。具体的な検証例を紹介しましょう。

図表4-13は2006年3月7日から同年4月17日までの「GBP/JPY買い、EUR/JPY売り」ポジション用のチャートです。このケースで「％Ｄが20％を割ったら仕掛けて、60％を超えたところで手仕舞いする」というルールを設定したとしましょう。

3月17日、スプレッド63.01円のときに％Ｄが14.39％となり、この時点で仕掛けることになります。そして3月28日に％Ｄが72.38％となり、スプレッドは64.05円で手仕舞いとなりました。10万通貨単位での仕掛けを仮定しますと、為替差益とスワップ利息の合計で約12万円程度となります。

図表4-13 「GBP/JPY買い、EUR/JPY売り」と%D

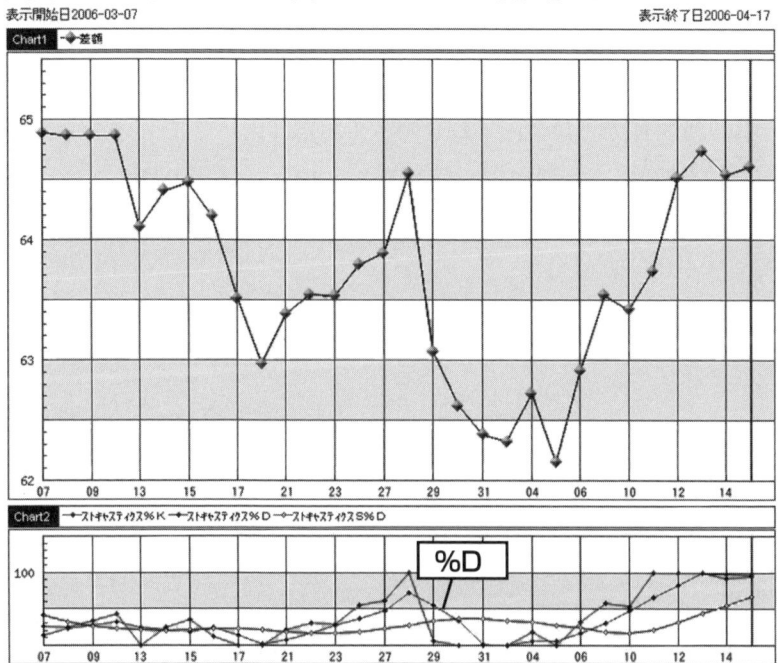

表示開始日2006-03-07　　　　　　　　　　　　　　　表示終了日2006-04-17

スワップ部分　：1450円×12日間＝１万7400円
為替差損益　　：（64.05円－63.01円）×10万＝10万4000円
合計　　　　　：１万7400円＋10万4000円＝12万1400円

また３月31日に％Ｄが1.79％にまで急激に落ち込み、スプレッドを61.88円で仕掛けることになります。そして４月11日に％Ｄが66.51％になったところで、スプレッドを63.24円で手仕舞うことに

なります。為替差益とスワップ利息の合計で約15万円の利益となりました。

スワップ部分：1450円×12日間＝１万7400円
為替差損益　：（63.24円－61.88円）×10万＝13万6000円
合計　　　　：１万7400円＋13万6千円＝15万3400円

この短期間のうちに10万通貨単位の仕掛けで、総計27万円程度の利益を稼ぎ出したわけです。

２回の取引での利益：12万1400円＋15万3400円＝27万4800円

6．乖離率

乖離率とは

乖離率は、短期移動平均線と長期移動平均線の差の率や、現在の価格と移動平均線の差の率をグラフにしたものです。計算式を示します。

$$乖離率1 = \frac{短期移動平均 - 長期移動平均}{長期移動平均} \times 100\%$$

もしくは、

$$乖離率2 = \frac{現在の価格 - 移動平均}{移動平均} \times 100\%$$

この計算式は、短期の移動平均値（もしくは現在の価格）が、長期の移動平均の値とどの程度離れているかを意味しています。価格

がボックス圏内で動いていることを前提とすれば、乖離率に大きな変動があると、常にその変動が修正されることになります。つまり、乖離率が大きくマイナスになれば、それがゼロになるように価格が上昇し始めることを意味し、乖離率が大きくプラスになれば、それがゼロになるように価格が下落し始めることになります。

ただ、繰り返しますが、これはボックス圏内でスプレッド価格が動いていることを前提とした場合です。価格が大きなトレンドをもって動いているケースでは、乖離率が大きくマイナスあるいは大きくプラスで推移するケースもありますので注意してください。

相関係数が高い通貨ペアでの仕掛けを前提とするFX Carry Hedge Tradeだからこそ、価格がボックス圏内で推移することを前提としています。ただし、こちらも繰り返しになりますが、過去に相関係数の高い通貨ペアであっても、その通貨ペアの相関関係が未来永劫続くわけではないので、損切りのルール化は必ず念頭においておかなければなりません。

乖離率を使ったトレード例

では、実際の乖離率のチャートを見てみましょう。図表4-14をご覧ください。

価格の変動と乖離率の変動の違いを確認してください。価格が上昇すれば、おおむね乖離率も上がり、価格が下落すれば、おおむね乖離率も下がります。しかし、必ずしもそうでないケースもあります。

図表4-14 スプレッドと乖離率

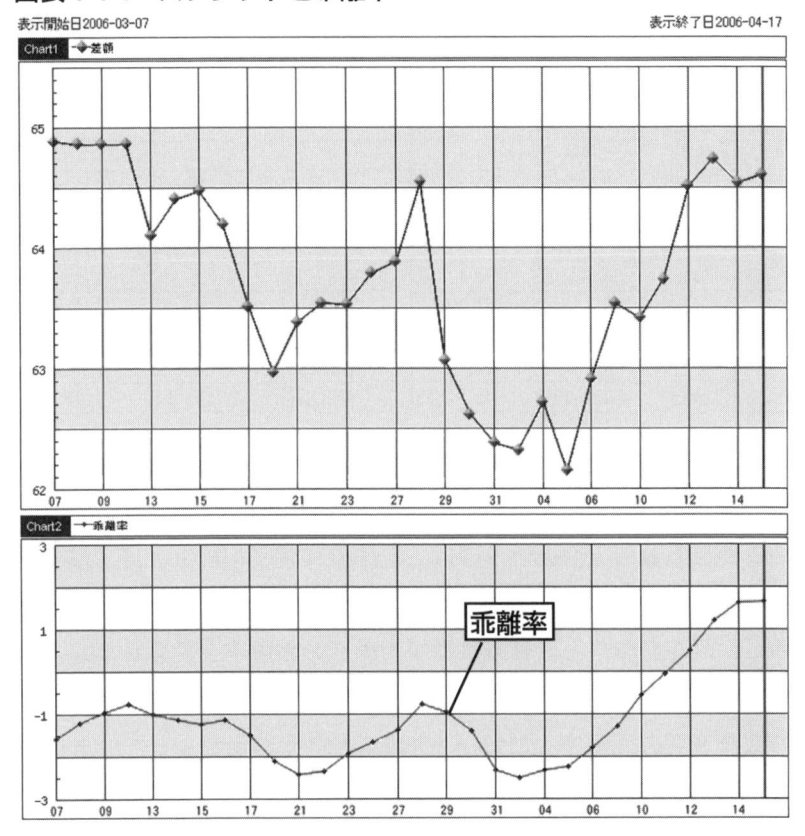

乖離率の具体的な計算例についても言及しておきましょう。あまり難しくないと思います。**図表4-15**を見てください。

SMA（x）というのは、x日間の単純移動平均となります。ここでは、3日のものと5日のものを記載してみました。

図表4-15　乖離率1と乖離率2の計算

日付	価格	SMA(3)	SMA(5)	乖離率1	乖離率2
3月1日	100.0				
3月2日	110.0				
3月3日	115.0	108.3			
3月6日	108.0	111.0			
3月7日	109.0	110.7	108.4	2.09%	0.55%
3月8日	108.5	108.5	110.1	-1.45%	-1.45%
3月9日	120.0	112.5	112.1	0.36%	7.05%
3月10日	111.0	113.2	111.3	1.68%	-0.27%
3月13日	112.0	114.3	112.1	1.99%	-0.09%
3月14日	110.0	111.0	112.3	-1.16%	-2.05%
3月17日	111.0	111.0	112.8	-1.60%	-1.60%
3月18日	110.5	110.5	110.9	-0.36%	-0.36%

　また「乖離率1」というのは、短期の移動平均線を3日、長期の移動平均線を5日としたときの乖離率であり、「乖離率2」というのは、現在の価格と5日の移動平均線との乖離率を計算したものとなっています。

　3月8日の乖離率1には、-1.45%という数値が入っています。この数値を具体的に計算してみましょう。この日、短期（3日間）の移動平均は108.5円、長期（5日間）の移動平均は110.1円ですので計算式は次のようになります。

　（108.5円 - 110.1円）÷ 110.1円 = -1.45%

　3月9日の乖離率2には7.05%という数値が入っています。この

数値を具体的に計算してみましょう。

（120.0円－112.1円）÷112.1円＝7.05％

どこかで見たような分析手法

　乖離率の分析手法もいろいろ考えられます。例えば、まず乖離率がゼロのラインを下から上に突き抜けたところを仕掛けサイン、逆に乖離率がゼロのラインを上から下に突き抜けたところを手仕舞いサインとする方法などがあります。

　しかし、この方法をよく考えてみてください。乖離率は短期の移動平均と長期の移動平均の差の率です。乖離率がゼロということは、短期と長期の移動平均が同じ数値であることを示し、乖離率がマイナスということは、短期の移動平均が長期の移動平均より下にあることを示します。また、乖離率がプラスであるということは、短期の移動平均が、長期の移動平均より上にあることを示します。

　つまり、この見方は実のところSMAでやったゴールデン・クロス、デッド・クロスと同じポイントで出現することになるわけです。繰り返しますが、ゴールデン・クロスとデッド・クロスのサインは、FX Carry Hedge Tradeにあまり向いていません。もちろん、これは私個人の意見ですので、検証に検証を重ねれば、もしかするとすごい威力を発揮する可能性はありますが……。

　したがって、乖離率を利用するには、乖離率がある一定の数値を下回ったら仕掛け、ある一定の数値を上回ったら手仕舞いをする方

図表4-16 「GBP/JPY買い、CHF/JPY売り」と乖離率

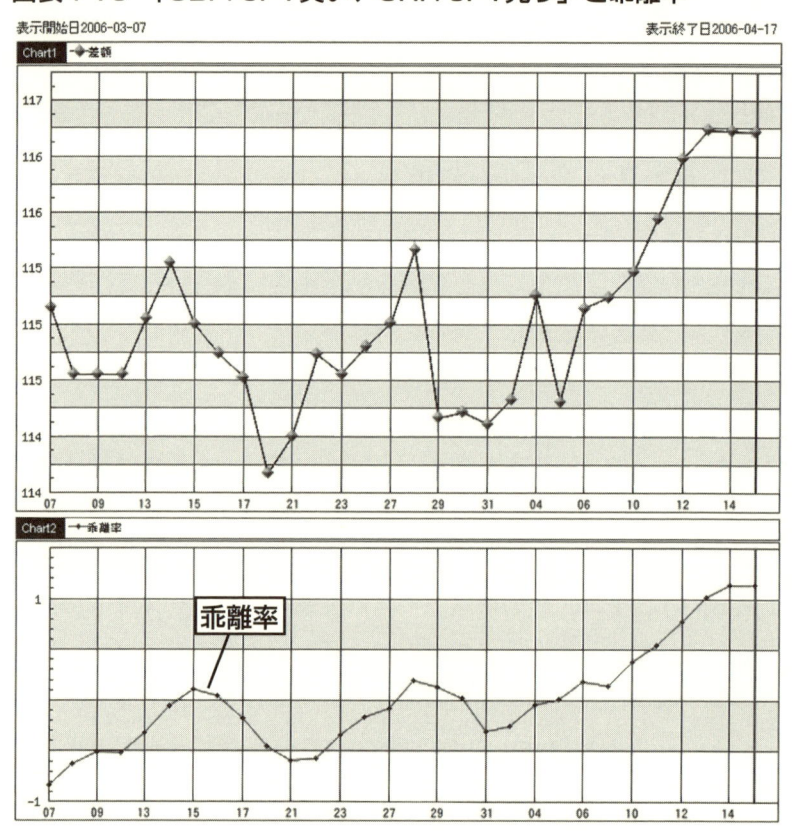

法のほうが良いパフォーマンスを出すように思います。実際の検証例を見てみましょう（**図表4-16**）。

　乖離率が−0.50を下回ったら仕掛け、1.0を超えたところで手仕舞いというルールで考えます。この場合、3月21日に乖離率は−0.60

となり、114.19円がスプレッドの仕掛けポイントとなります。そして4月13日にスプレッドの上昇に伴い、乖離率も1.01まで上昇しました。116.39円が手仕舞いのポイントとなります。10万通貨単位で取引したとして計算してみますと、為替差益とスワップ利息の合計で約27万円の利益となりました。

スワップ部分：2150円×24日間＝5万1600円
為替差損益　：(116.39円−114.19円)×10万＝22万円
合計　　　　：5万1600円＋22万円＝27万1600円

7. MACD

MACDとは

　MACDは「Moving Average Convergence Divergence」の頭文字を取ったものです。「移動平均収束拡散法」と直訳されることがあるそうですが、おそらくこんな呼び方をする人はめったにいないでしょう。

　MACDは前項で説明した乖離率と非常に似た指標です。しかし、MACD自体を移動平均化した「シグナル」という指標と組み合わせ、MACDとSignalのクロスで仕掛けと手仕舞いのポイントを見るところに乖離率との大きな相違点があります。

　また、乖離率はSMA（単純移動平均）を利用しますが、MACDはEMA（指数平滑平均）を利用するところに違いがあります。SMAよりも計算が複雑で、過去のデータをすべて加味しようとしているEMAを利用していることから、何となく信頼性が高いような気にさせられるテクニカル指標です。実際にMACDのチャートを見てみましょう（**図表4-17**）。

図表4-17　スプレッドとMACD

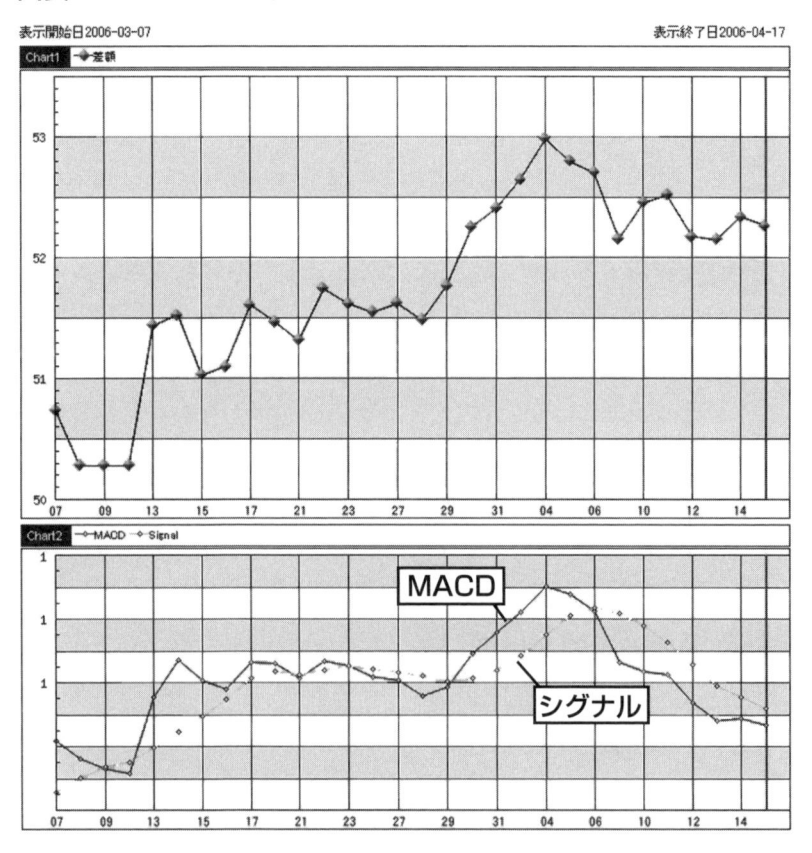

MACDとシグナルの計算方法は次のとおりです。

> MACD＝短期のEMA－長期のEMA
> シグナル＝MACDの移動平均

EMAを利用するため、MACDは過去データがどれくらいあるかによって、同一時点でも結果が異なってきます。もっとも、過去データがたくさんあったほうがよいかは一概に言えません。ただ、FX Carry Hedge Tradeシステムでは、1999年1月からの為替データがデータベース化されており、したがって、このシステム上のEMAは1999年1月からのデータが加味された平均値となっています。

MACDの効果的利用例

一般的なのは、MACDとシグナルのクロスで仕掛けと手仕舞いポイントを判断する方法です。しかし、この方法では残念ながら私の今までの検証結果に基づけば、決して良いパフォーマンスと言い切れないところがあります。

MACDについても、MACDやシグナル自体の数値の大小で判断する手法が有効なようです。MACDやシグナルがある程度小さくなったら仕掛け、ある程度大きくなったら手仕舞いするわけです。

具体的にMACDの検証例を紹介しましょう。**図表4-18**のチャー

第4章 スプレッドのテクニカル分析

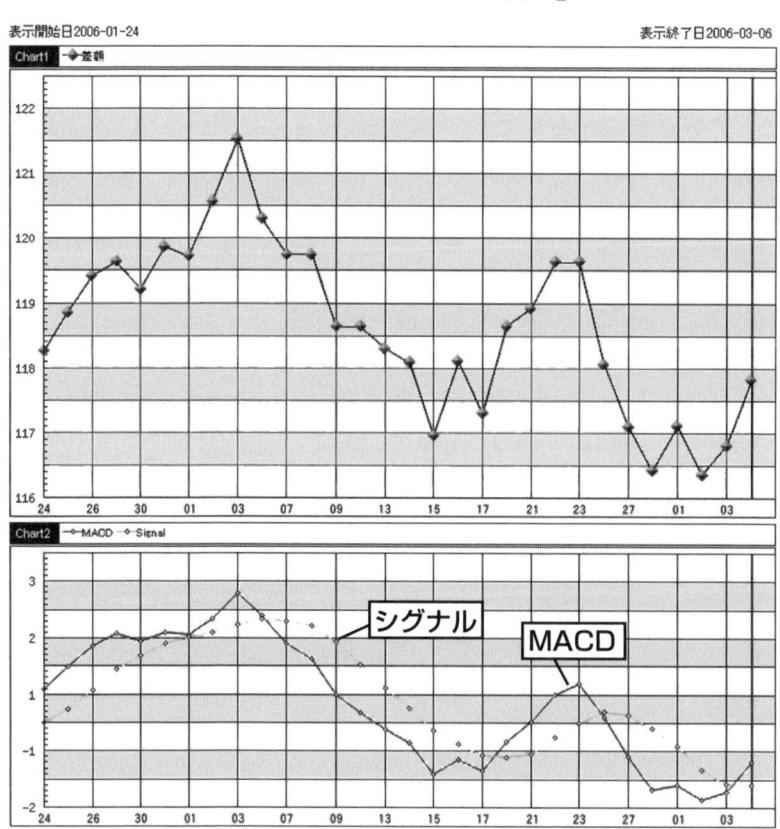

図表4-18 「GBP/JPY買い、AUD/JPY売り」とMACD

トは、2006年1月24日から同年3月6日までの「GBP/JPY買い、AUD/JPY売り」ポジションのチャートです。「MACDが－1を下回ったところで仕掛け、MACDが1を上回ったところで手仕舞う」というルールを設定したとします。この場合、2月15日にスプレッ

ドが116.95円まで落ち込み、それに伴いMACDが－1を割っておりますので、仕掛けはこの時点となります。そして23日にスプレッドが119.63円まで上昇し、それに伴いMACDが1を超えましたので、ここで手仕舞いとなります。この仕掛けと手仕舞いを10万通貨単位で執行した場合、為替差損益とスワップ利益をあわせて約27万円程度の利益となります。

スワップ部分：1090円×9日間＝9810円
為替差損益　：（119.63円－116.95円）×10万＝26万8000円
合計　　　　：9810円＋26万8000円＝27万7810円

8. RSI

RSIとは

RSIは「Relative Strength Index」の頭文字を取ったもので、相場の買われ過ぎ、売られ過ぎを判断するための指標と言われています。具体的な計算式を見てみましょう。

$$RSI = \frac{n\text{日間の値上がり幅の合計}}{n\text{日間の値下がり幅の合計} + n\text{日間の値上がり幅の合計}} \times 100\%$$

n：期間

RSIに限らず、ほかのテクニカル指標でも、本書が紹介した計算式とは別の方法を記している書籍があります。解説本によっては、まったく違う計算式が載っていることもありますので注意してください。特にRSIはかなりいろいろな方法があります。本書が計算式まで紹介しているのは、そのためです。

図表4-19 RSI（パラメータ5）の計算

日付	価格	値上り	値下り	RSI
3月1日	100.0			
3月2日	110.0	10.0		
3月3日	115.0	5.0		
3月6日	108.0		7.0	
3月7日	109.0	1.0		
3月8日	108.5		0.5	68.1%
3月9日	120.0	11.5		70.0%
3月10日	111.0		9.0	43.1%
3月13日	112.0	1.0		58.7%
3月14日	110.0		2.0	52.1%
3月17日	111.0	1.0		55.1%
3月18日	110.5		0.5	14.8%

　ただし、その意味するところは、すべて同様です。計算式からも分かるように、RSIは最大で100％、最低で0％の数値を取ります。パラメータに設定した期間ですべて値上りすれば100％になり、すべて値下がりすれば0％となります。

　では、具体的にRSIを計算してみましょう。このケースでは、RSIの期間を5として計算しています（**図表4-19**）。

　RSIは前日と当日の差額から計算するため、期間プラス1日のデータが必要です。つまり、5をパラメータに設定した場合、6つの価格データが必要となるため、このケースでは3月8日からRSIを計算することになります。

　では、3月10日のケースについて計算してみましょう。当日を含めて過去5日間で値上りをしたのは7日と9日の2回で、それぞれ

図表4-20　スプレッドとRSI

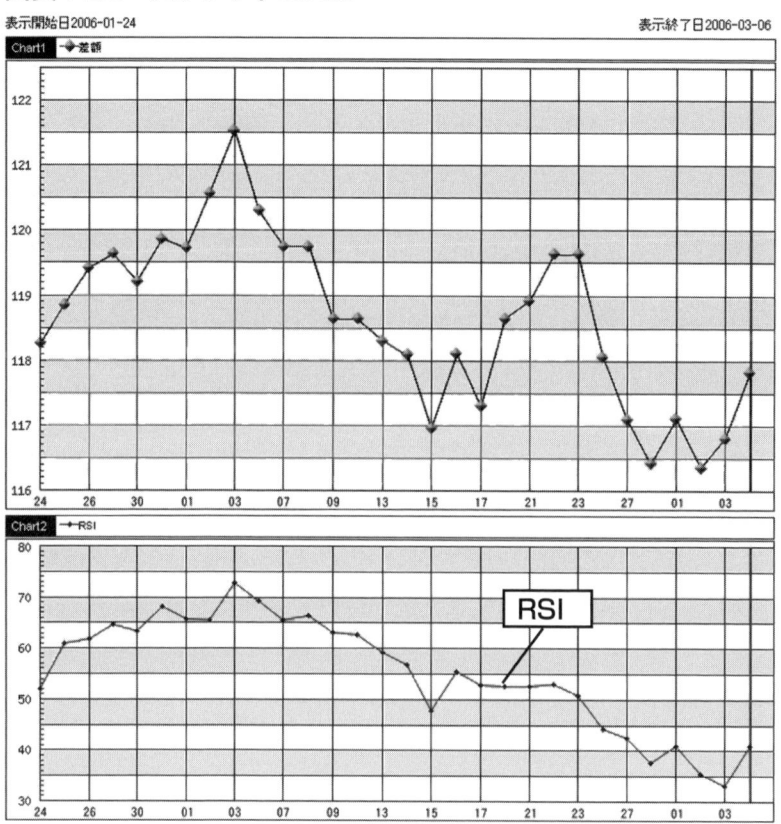

1円、11.5円の値上りでした。したがって、5日間の値上り幅の合計は、1円+11.5円=12.5円となります。

また、値下りをしたのは6日、8日、10日の3回で、それぞれ7円、0.5円、9円の値下りでした。したがって、5日間の値下り幅

の合計は、7円＋0.5円＋9円＝16.5円となります。

この計算結果を先ほどの計算式に当てはめて計算してみると、12.5円÷（12.5円＋16.5円）×100％＝43.1％と計算されます。

では、RSIのチャートを見てみましょう。**図表4-20**をご覧ください。

必ずしもそうとは言えないケースもありますが、基本的に値段が上がればRSIの指標も上がり、値段が下がればRSIの指標も下がるという関係になっています。RSIの詳細については、開発者本人の著書である『ワイルダーのテクニカル分析入門』（パンローリング）を参考にしてください。

RSIの検証例

先ほど述べたようにRSIは「買われ過ぎ」「売られ過ぎ」を具体的な数値で知らせてくれる指標です。一般的にRSIが70％以上だと「買われ過ぎ」、30％以下だと「売られ過ぎ」と見ますが、それぞれ80％以上と20％以下で見るという解説をしている書籍もあります。

私は、絶対的な数値をここで示してもあまり意味がないと思います。なぜなら、何の値動きをRSIで見るかによって変わってくるからです。個別株式とFXでは違うでしょうし、FX Carry Hedge Tradeでスプレッドの価格変化を見る場合でも当然違ってきます。同じFX Carry Hedge Tradeでも、組み合わせる通貨ペアによって変化してくるケースもあるでしょう。

重要なのは、RSIの数値が何を示しているのかを知り、過去の実

図表4-21 「GBP/JPY買い、EUR/JPY売り」とRSI

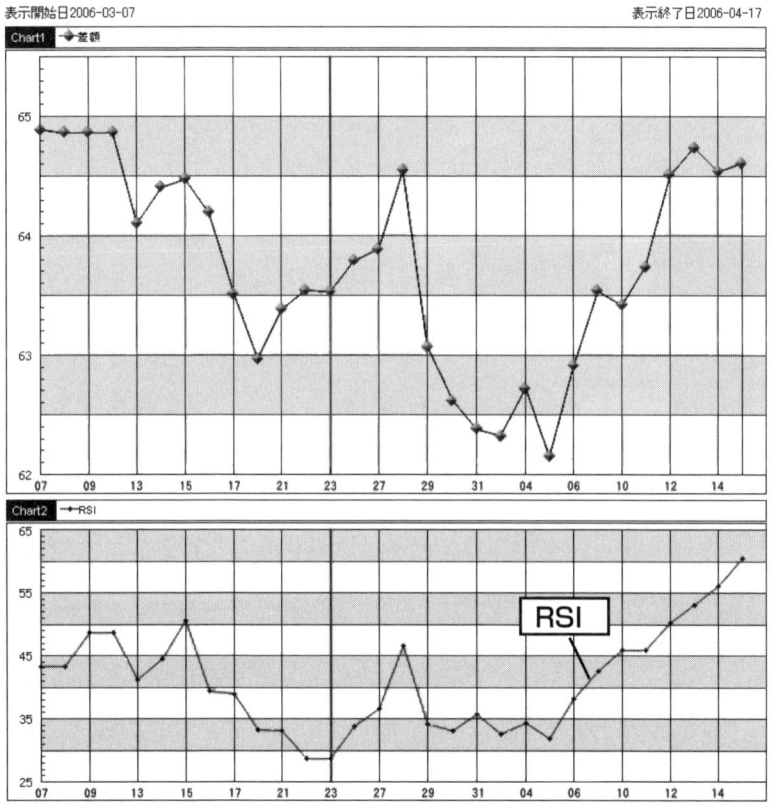

表示開始日2006-03-07 / 表示終了日2006-04-17

　際のデータに当てはめて、どのような水準でどのようなアクションを起こすことが、パフォーマンス向上につながるのか研究することです。

　これはRSIに限ったことではなく、すべてのテクニカル指標につ

いて共通しています。いろいろなルールを考案して、たくさん検証することが、テクニカル分析における楽しさであり、またパフォーマンスの向上につながっていきます。

さて、RSIを意思決定手段とした場合の具体的な事例を紹介しましょう。**図表4-21**をご覧ください。2006年3月7日から同年4月17日までの「GBP/JPY買い、EUR/JPY売り」ポジションのチャートです。

「RSIが30％を割り込んだ時点で仕掛け、RSIが50％を超えた時点で手仕舞い」というルールを検証してみます。3月22日にRSIが28.72％まで下落したので、63.04円でスプレッドを仕掛けました。その後、スプレッドはいったん上昇したものの下落し、含み損を抱える苦しい展開になります。しかし、4月6日くらいからスプレッドが急転上昇し、4月12日にRSIが50.20％まで上昇しましたので、64.01円で手仕舞いとなります。

10万通貨単位で仕掛けたとして、このケースの損益を概算してみると、スワップ金利と為替差益をあわせて約12万円の利益が得られたことになります。

スワップ部分：1450円×22日間＝3万1900円
為替差損益 ：(64.01円－63.04円)×10万＝9万7000円
合計　　　 ：3万1900円＋9万7000円＝12万8900円

9．テクニカル指標の組み合わせ

指標を補完する

　本書で紹介した以外にも、たくさんのテクニカル指標があります。さらにFX Carry Hedge Tradeに有効な指標が、ほかにあるかもしれません。ここで紹介したテクニカル指標を徹底的に理解し、研究することも大切ですが、それ以外のものを積極的に取り入れ、分析し、検証することもお勧めします。

　また「単純移動平均＋RSI」「ボリンジャー・バンド＋乖離率」など、種類の違うテクニカル指標を組み合わせて、分析に利用する方法も考えられます。もちろん2種類に限らず、3種類、場合によっては4種類の指標を組み合わせる方法もあり得るでしょう。

　個人的には、意思決定の方法に関しては、複雑なルールを設けるより、シンプルで単純なほうがよいと思っています。必ずしもテクニカル指標を組み合わせることがパフォーマンスの向上につながるとは言い切れません。

　しかし、個々のテクニカル指標には「得意」なところと「苦手」なところがあり、その得意不得意をお互いに補い合えるような組み

合わせでテクニカル指標を利用することは、理に叶っていると思われます。事実、組み合わせによる意思決定で、優れたパフォーマンスを出されている方もいらっしゃいます。

そこで、テクニカル指標を組み合わせて意思決定をするときのポイントと考え方について言及しておきましょう。

組み合わせのコツ

テクニカル指標には、大きく分けて「トレンド追随型」と言われる指標と「オシレータ系」と言われる指標があります。実のところ先ほど説明した「得意」「苦手」は、トレンド追随型とオシレータ系の特徴と絡んでいるのです。

一般的にトレンド追随型のテクニカル指標は、相場の小さなブレに過剰に反応しないため、仕掛けサインや手仕舞いサインにダマシが少ないという長所があります。しかし、その慎重すぎさから、サインに遅れが出るという短所があります。

一方、一般的にオシレータ系のテクニカル指標は、価格の小さなブレに敏感に反応するため、トレンド追随型指標よりも仕掛けサインや手仕舞いサインが早めに出るという長所があります。しかし、そのためにダマシが多く発生してしまうという短所があります。

したがって、トレンド追随型指標とオシレータ系指標を「うまく」利用することで、お互いの欠点を補い合い、パフォーマンスを向上させられる可能性があるわけです。

もちろん「可能性がある」だけで必ずしもそうとは言えません。

しかし、ある程度は理屈が通っていると思われます。これまで紹介してきたテクニカル指標をトレンド追随型とオシレータ系とに分類しておきますので、参考にしてください。

【トレンド追随型のテクニカル指標】
・単純移動平均線
・指数平滑平均線
・ボリンジャー・バンド

【オシレータ系のテクニカル指標】
・ストキャスティックス
・乖離率
・MACD
・RSI

ただし、乖離率とMACDについては、トレンド追随型に分類する人もいます。またオシレータ系同士を組み合わせたり、トレンド追随型同士を組み合わせたりして使っても、パフォーマンスが良ければ結論としてはよいわけですので、分類に固執する必要はないでしょう。さまざまなテクニカル指標の組み合わせを、さまざまなパラメータを用いて、さまざまなタイミングで検証していくことで、自分なりの必勝ルールを構築することが重要なのです。

10. 損切りの重要性

見切り千両

　損切りの重要性に関しては、冒頭からかなりしつこく述べてきたつもりです。しかし、ここでもう一度、損切りの重要性について強調したいと思います。

　投資をしていると「ここで仕掛ければ利益が出る」という判断に基づいて仕掛けても、思惑とは逆に相場が動いてしまい、損失が出る局面は「**必ず**」あります。どんなに優秀な投資家、トレーダーであっても100戦100勝ということは、まずあり得ないのです。

　特にFX Carry Hedge Tradeでは、2つの通貨ペアの相関関係が高いことを前提とした投資手法であるため、その前提である相関関係が崩れれば、その投資手法が有効に機能しなくなる可能性は高くなります。過去の相関関係が崩れないという保証はどこにもありません。いったん相関関係が崩れ、その関係が元に戻らないような事態が起こった場合、損切りをしないでいたら、どのようなことが起こるでしょうか？　大変な額の損失を被る可能性があるのです！

あらかじめ損切りのルールを策定して、そのルールに抵触したら必ず損切りを実行する、このことが重要なのです。このような話をすると「いずれにせよ先ほどのテクニカル指標の解説のなかで言及した『手仕舞いポイント』で仕切ってしまえばよいではないか」と考える方がいらっしゃるかもしれません。しかし、それでは「足りない」場合があります。

逆張りと順張り

相場の張り方として基本的な考え方に「逆張り」と「順張り」があります。大雑把に言うと、逆張りとは、下値と思われる時点、つまりこれ以上は値段が下がらないだろうと思われる時点で買い、上値と思われる時点、つまりこれ以上は値段が上がらないだろうと思われる時点で売る、という考え方に基づく相場の張り方です。一方、順張りとは、相場が反転したと思われる時点を探し出し、どちらに反転したかに基づいて売り買いをする相場の張り方です。

実は、FX Carry Hedge Tradeでは「逆張り」のほうがパフォーマンスの良くなるケースが多いのです。テクニカル指標を解説したときのほぼすべての具体例が逆張りを仮定した形になっています。

逆張りには損切りが肝心

そして前項の最後に「それでは足りない場合があります」と述べましたが、この逆張りの場合、手仕舞いサインだけでなく損切りサインも明確にしておかないと、損をし続けているかぎり、手仕舞い

がなされないことになるのです。

　例えば、ボリンジャー・バンドによる取引例では「−2σのラインを下回ったら仕掛け、＋1σのラインを上回ったら手仕舞い」というルールで具体的な解説をしました。このルールは逆張りの発想で設定されています。もし−2σのラインを下回って仕掛けたあともスプレッドが下げ続けた場合、＋1σのラインを上回ることはありません。つまり手仕舞いをできない状態が続いてしまうのです。

　もちろん、2つの通貨ペアの過去の相関係数を調査して、相関関係が高い通貨ペアを厳選して投資をするため、このようなケースが生じる可能性は低いのですが、ゼロではありません。相関関係が崩れてしまう可能性は常にあります。逆張りのケースでは、損切りのルールをあらかじめ明確化させておくことが必要なのです。

順張りでは遅い

　勘の良い方ならご承知かもしれませんが、SMA（単純移動平均線）のところで紹介した、ゴールデン・クロスやデッド・クロスの出現による仕掛けと手仕舞いのケースや、ストキャスティクスの％Kと％Dのクロス（ファスト・ストキャスティクス）、あるいは％DとS％Dのクロス（スロー・ストキャスティクス）による仕掛けと手仕舞いのケースなどは、順張り的な発想に基づく意思決定方法だと言えます。そういった順張り的な発想に基づく意思決定のケースで、私は常に「あまり良い検証結果が出ていない」と述べています。

　仮に順張り的な発想に基づく意思決定をした場合、逆張り的発想

とは異なり、特別に損切りルールを考慮する必要はありません。順張り的な発想に基づく意思決定の場合、仕掛けサインが出たあとに、思惑と逆に相場が動けば、つまり損失が出る方向に相場が動けば、ほとんどの場合、ある程度の損をした段階で手仕舞いサインが出ます。

したがって、順張りで相場を張った場合、仕掛けサインと手仕舞いサインを明確にして、手仕舞いサインが出たら、損をしていても手仕舞いすることをすれば、特に大きな問題は生じにくいはずです。もちろん、サインが出たときに機械的に損切りを実行できる心理状

態を持っているかは非常に難しい問題ですが……。

　繰り返します。逆張りのケースでは、仕掛けサインと手仕舞いサインを明確にするだけでは足りません。損切りのサインも別途ルール化しておくことが必要です。

具体的な方法

　例えば「スプレッドが2円以上も下げたら損切り」とあらかじめ決めておく方法や、逆張りと順張りの意思決定を組み合わせて、仕掛けは逆張りに基づき、手仕舞いは順張りに基づくといった方法が考えられると思います。

　しかし、結論から言えば、具体的な損切りの方法も自分で考案し、工夫し、分析し、検証し、構築していくことが重要です。ここで具体的に「こういうときに損切りしましょう」と言ったとしても、そして皆さんがそれに従ったとしても、必ずしもそれがすべての方にとって最良の方法とは言えません。

　なぜなら、例えばどのようなテクニカル指標を利用し、どのように仕掛けサインを策定するかによっても損切りサインは変わってくるからです。あるいは、どれくらいの資金量があり、必要証拠金と預託資産の比率をどの程度に設定しているのか、また目指すパフォーマンスはどの程度なのか……などによっても変わってきます。最良の方法は、時期によって市場によって個性によって、それぞれ違ってくるのです。

　損切りの方法を策定するにあたっては、順張りでの投資なのか、

逆張りでの投資なのかを常に意識します。損失が拡大する方向に相場が動いたときに手仕舞いサインが出るのであれば、損切りルールを策定する必要がないケースもあるでしょう（もちろん、そういうケースでも損切りルールを策定したほうがよいことがありますので注意してください）。損失が拡大する方向に相場が動いても手仕舞いサインが出ないケースでは、必ず損切りルール、損切りサインを策定したあとで投資を始めてください。

第5章

FX Carry HedgeTrade を実践するにあたってのまとめ

さて、ここまでで、私がお伝えしたかった内容は、ほぼ網羅しました。ただし、まだ一点だけ重要なことを説明していません。その点も加えた上で最後に「FX Carry Hedge Tradeを実践するにあたってのまとめ」と題して、おさらいをしたいと思います。

①通貨ペア間の相関関係を調べる

為替の相関関係を調べるところから、**FX Carry Hedge Trade**の実践は始まります。相関関係を調べるためには「**相関係数**」という指標を利用します。相関係数が高ければ高いほど、その通貨ペアで仕掛ける**FX Carry Hedge Trade**は有効に機能する可能性が高く、リスクが低いと言えます。

しかし、実はこの考え方は、必ずしも正確ではありません。これが、この章の冒頭で「まだ一点だけ重要なことを説明していません」と述べたところですので、これから指摘することについて、よく理解をしてください。

実は、相関係数には大きな「**落とし穴**」があるのです。今までは話を分かりやすくするため、あえて触れませんでした。しかし、相関係数の特徴ですから説明をしておかなければなりません。

仮に、**図表5-1**のようなレートが時系列で並んでいたとします。

図表5-1 相関が強すぎる

	A	B	C	D
3月1日	100	200	300	10.0
3月2日	101	201	310	10.5
3月3日	102	202	320	11.0
3月4日	103	203	330	11.5
3月5日	104	204	340	12.0
3月6日	105	205	350	12.5
3月7日	106	206	360	13.0
3月8日	107	207	370	13.5

　Aのレートは100円から始まり、毎日1円ずつ上昇している状況です。Bのレートは200円から始まり、毎日1円ずつ上昇している状況です。Cのレートは300円から始まり、毎日10円ずつ上昇している状況です。そしてDのレートは10円から始まり、毎日0.5円ずつ上昇している状況です。

　ここで任意に2つのレートを選んで相関係数を計算した場合、結果はどうなるでしょうか。4つのレートがありますので、任意の2つのレートの組み合わせは、4×3÷2＝6通りあります。すなわち①AとB、②AとC、③AとD、④BとC、⑤BとD、⑥CとDという組み合わせです。

　結論から言いますと、この6つの組み合わせの相関係数は、すべて「1」となります。したがって、相関係数が高ければリスクが低いと言い切ることは、あまり正確な表現とは言えないのです。

　相関係数が高いということは、スプレッドが一定の範囲で動いていると今まで説明してきましたが、必ずしもそうとは言い切れませ

ん。FX Carry Hedge Tradeは「スプレッドが一定の範囲内で動いている状態である」からこそ有効に機能するのです。

例えば、AとCの組み合わせを考えてみると、最初3月1日に200だったスプレッドが、8日には263にまで拡大しています。また、CとDの組み合わせを考えると、もっと大きくスプレッドが拡大しています。

油断禁物

では、相関係数の分析だけでは、リスクヘッジができないのでしょうか？

私は相関係数を分析すれば、まず大きなリスクを負うことはないと考えています。通貨ペアのレートの値動きには上記のA〜Dのような極端なケースはほとんどなく、すべてが同じような価格変動をしていると考えられるからです。通貨ペアによって、多少の差異はありますが、それぞれの1日や1カ月、あるいは1年というスパンのなかでの値動きを分析してみると、大きく動く通貨と小さく動く通貨で、それほど大きな差異はないのです。

しかし、相関係数の分析だけで判断してしまうのは、少々問題があるケースもないとも言い切れません。相関係数が高いからと言って安心してポジションを持っても、スプレッドの動きが思ったよりも激しく、思いもよらない損失を被る危険性があるからです。個人的には、オセアニア地域の通貨（AUDとNZD）には、このような傾向が多分に見られますので、オセアニア地域の通貨を絡ませたポジションを取るときは、特に注意しています。

②標準偏差を調べる

では、相関係数のほかに何を調べれば、より磐石なリスクヘッジができるのでしょうか。これは2つの通貨ペアのスプレッドの「**標準偏差＝ボラティリティ**」を分析することで判断できます。

標準偏差は、過去一定期間に、どの程度の動きがあったのか、その変動の度合いを示す指標です。標準偏差が高いということは、過去の価格の動きが激しいことを示しており、ある2つの通貨ペアの相関係数が仮に高くても、標準偏差が高いケースでは、その関係は上記のAとCであるとか、CとDのような関係であることを示していると言ってよいでしょう。

逆を言えば、相関係数が高く、標準偏差が低ければ、その2つの通貨ペアのポジショニングは、為替リスクのヘッジという観点からは有効に機能すると考えられるわけです。

標準偏差の計算方法は、すでにボリンジャー・バンドのところで説明しています。その項をご参照ください。当然、**FX Carry Hedge Trade**のシステムにも、この標準偏差を自動的に計算する機能が実装されています。

さらに裏を返せば、相関係数が低い通貨ペアの組み合わせや、スプレッドの標準偏差が高いものは、リスクは高くなりますが、大きなリターンを得られる可能性も高くなります。ここでは詳しく説明しませんが、わざと相関係数の低い通貨ペアの組み合わせや、標準偏差の高い通貨ペアの組み合わせを狙うという投資手法も考えられるのです。

③スワップ金利を調べる

　相関係数が高い通貨ペアであっても、スワップ金利がマイナスとなるような形でポジションを持つことは、あまりお勧めできません。**必ずスワップ金利がプラスになるような形でポジションを持つこと**を私はお勧めいたします。
　もちろん、スワップ金利がマイナスとなるようなケースであっても、かなりの自信でスプレッドが上昇すると考えられるようなケースであれば、その仕掛けを否定するわけではありません。しかし、スワップ金利を毎日支払わなければならないケースでは、毎日スワップ金利を受け取れるケースと比較すると、心理的に余裕がなくなり、自分が決めたサインに従えなくなる事態に陥る可能性が高くなります。
　ご自身の精神的強さや、意思の強さなどを考慮したうえで、スワップの逆流を泳ぐべきか判断すべきだと思います。

④スプレッドを分析する

　相場は、値段が安いところで仕掛け、高いところで手仕舞えば利益が出るという、至極シンプルなものです。これを**FX Carry Hedge Trade**にあてはめれば、スプレッドが小さくなったところで仕掛け、スプレッドが大きくなったところで手仕舞えば、利益が出ることになります。
　このスプレッドの大きい、小さいを判断するひとつの道具として

「**テクニカル指標**」があると紹介しました。テクニカル指標を利用するには、そのパラメータをいろいろといじってみて、過去のデータと付け合せることです。どのパラメータであればパフォーマンスが良かったか分析する必要があります。

また、同一のテクニカルを利用して、同じパラメータを設定したとしても、どの時点を仕掛けサインとするか、あるいは手仕舞いサインとするかのルール策定により、結果は変わります。いろいろなタイミングを仮定して、検証する必要があります。さらにこのテクニカル指標は、個別で利用するだけではなく、複数で組み合わせて利用することもできます。したがって、組み合わせての検証も必要です。そして、損切りのルールに関しても独自に策定しなければなりません。

こう考えると、スプレッドの分析には時間がいくらあっても足りないと思うかもしれません。しかし、だからこそ私はそこがまた投資の面白さであると思います。

なお、**FX Carry Hedge Trade**システムには、過去のデータをテクニカル指標の数値も含め、すべてCVSというエクセルに表示可能なファイル形式で吐き出す機能もあります。エクセルが得意な方であれば、この機能を利用して、さまざまな検証をあまり時間をかけることなく効率的にできることでしょう。

⑤分析に基づき速やかに仕掛け、手仕舞いを執行する

ようやくここまでやって、実際の投資をすることになります。自

分で今まで苦労して分析した結果を信じて、迷うことなく仕掛けます。自分が今まで十分検証を重ねてきた結果の意思決定です。きっと、その努力が最終的に報われることと思います。

おわりに

　最後までお読みいただいた読者の皆様、誠にありがとうございます。本書からFX取引に興味を持っていただき、本書を参考に実際に投資を始め、成果を出していただければ幸いです。
　本では分かりにくいところや質問などがございましたら、遠慮なくお問い合わせください。当社では、FX Carry Hedge Tradeのセミナーも開催しており、セミナーにご出席いただくことも大歓迎です。そこでは私が実際に出て、話をさせていただくこともあります。詳細はFX Carry Hedge Tradeシステムのホームページ(http://carry-trade.com/)で紹介しておりますので、そちらをご覧ください。
　まずは、本書に記されていることをご自身で検証していただければと思います。実際に投資を始めるのは、その検証が終わってからでなければなりません。自分なりの「必勝パターン」を見つけ出し、自信を持って投資ができる状況を作ってからでなければ、投資をしてはなりません。投資の世界は、食うか食われるかです。食われないためには、それなりの準備期間が必要なのです。その準備期間に

どれだけのことができるかが、今後のパフォーマンスを決める重要なポイントとなります。

　投資は人に決めてもらってやるものではありません。自分で考え、自分で判断していくものです。また、投資は楽に儲かるものでもありません。準備に費やす時間や、実際に投資をしている局面での精神的なプレッシャーを考えれば、かなり大変な作業です。

　その点で思い違いをしている方がけっこういらっしゃるように見受けられます。しかも「その点を思い違い」して利益を積み上げている方を私は見たことがありません。

　人の意見を聞くことや、本書のような投資に関する本を読んで、自分の知識を高めることは必要です。しかし、それをそのまま鵜呑みにしてしまうのではなく、自分なりの解釈や工夫を加え、自分の個性に合った方法を確立していかなければ、最終的な成功はおぼつかないでしょう。健闘をお祈り申し上げます。

2006年4月20日
虎ノ門のオフィスにて
小澤　政太郎

資 料

順位相関通貨ペア
①月別スプレッド推移表（1999年1月～2006年5月）
②月別標準偏差表（1999年5月～2006年5月）

逆相関通貨ペア
①月別スプレッド推移表（1999年1月～2006年5月）
②月別標準偏差表（1999年5月～2006年5月）

・データは毎月末のもの。
・単位は円。
・●●●／USDという通貨ペアには、係数100を乗じて算定。
・●●●／EURという通貨ペアには、係数100を乗じて算定。
・●●●／GBPという通貨ペアには、係数200を乗じて算定。
・データには万全の注意を施しておりますが、実際の数値とは異なっている可能性がある。
・順位相関の通貨ペアは、1500日間の相関係数が0.85以上でスワップ金利がプラスになるものを基準に掲載（2006年6月6日現在）。
・逆相関の通貨ペアは、1500日間の相関係数が－0.85以上でスワップ金利がプラスになるものを基準に掲載（2006年6月6日現在）。
・標準偏差の計算にあたっては90日間を利用。

資料

順位相関通貨ペア　月別スプレッド推移表

通貨ペア

買い	売り	1999年1月	1999年2月	1999年3月	1999年4月	1999年5月	1999年6月	1999年7月	1999年8月	1999年9月
AUD/JPY	EUR/JPY	-58.93	-56.73	-52.87	-47.01	-47.84	-44.55	-47.83	-45.98	-43.95
GBP/JPY	AUD/JPY	117.83	116.47	116.17	113.07	115.68	110.49	110.86	106.02	106.14
AUD/JPY	AUD/USD	10.07	11.57	11.69	12.85	13.84	13.81	9.49	5.96	4.47
AUD/USD	EUR/USD	-50.81	-47.82	-44.63	-39.37	-39.44	-36.86	-41.76	-42.05	-41.13
EUR/JPY	CHF/JPY	49.96	48.59	47.69	47.87	47.25	46.69	45.72	43.42	42.68
GBP/JPY	CHF/JPY	108.86	108.33	111.00	113.93	115.09	112.62	108.76	103.46	104.86
AUD/JPY	EUR/GBP	-65.25	-63.47	-58.73	-52.15	-51.44	-50.83	-57.37	-61.93	-59.52
EUR/JPY	EUR/GBP	-6.31	-6.74	-5.86	-5.15	-3.60	-6.27	-9.54	-15.95	-15.56
EUR/GBP	EUR/USD	24.50	27.22	25.78	25.64	25.84	27.77	25.10	25.84	22.86
NZD/JPY	EUR/GBP	-75.78	-74.86	-70.43	-64.41	-65.42	-66.75	-71.21	-75.19	-74.00
AUD/JPY	EUR/USD	-40.74	-36.25	-32.94	-26.52	-25.61	-23.05	-32.27	-36.09	-36.66
EUR/JPY	EUR/USD	18.19	20.48	19.92	20.49	22.24	21.50	15.56	9.89	7.30
NZD/JPY	EUR/USD	-51.27	-47.64	-44.65	-38.77	-39.58	-38.97	-46.11	-49.36	-51.15
GBP/JPY	EUR/JPY	58.90	59.75	63.31	66.06	67.84	65.94	63.04	60.04	62.18
GBP/USD	EUR/USD	50.79	50.37	53.46	55.32	55.93	54.55	55.03	54.92	58.20
NZD/JPY	CHF/JPY	-19.50	-19.53	-16.88	-11.39	-14.57	-13.79	-15.94	-15.82	-15.76
EUR/JPY	NZD/USD	78.08	77.90	74.43	70.12	73.20	71.53	69.40	64.07	61.99
GBP/JPY	NZD/JPY	128.36	127.87	127.88	125.32	129.65	126.41	124.71	119.28	120.63
AUD/JPY	NZD/USD	19.15	21.17	21.57	23.11	25.36	26.98	21.57	18.09	18.03
NZD/USD	AUD/USD	-9.08	-9.60	-9.88	-10.26	-11.52	-13.17	-12.08	-12.13	-13.56
EUR/USD	NZD/USD	-59.89	-57.42	-54.51	-49.63	-50.96	-50.03	-53.84	-54.18	-54.69
NZD/JPY	NZD/USD	8.62	9.78	9.86	10.86	11.38	11.06	7.73	4.82	3.54

155

通貨ペア		1999年10月	1999年11月	1999年12月	2000年1月	2000年2月	2000年3月	2000年4月	2000年5月	2000年6月
買い	売り									
AUD/JPY	EUR/JPY	-43.28	-37.86	-35.65	-36.13	-38.70	-37.16	-34.43	-38.60	-37.33
GBP/JPY	AUD/JPY	104.95	97.67	97.88	105.22	107.89	104.02	104.59	99.00	95.84
AUD/JPY	AUD/USD	2.74	1.18	1.38	4.67	6.21	3.06	3.85	4.16	3.09
AUD/USD	EUR/USD	-41.49	-37.17	-34.92	-33.66	-35.14	-35.36	-32.31	-35.99	-35.50
EUR/JPY	CHF/JPY	41.36	38.61	38.64	39.56	40.10	37.39	35.21	36.40	35.93
GBP/JPY	CHF/JPY	103.03	98.42	100.88	108.65	109.29	104.26	105.37	96.80	94.44
AUD/JPY	EUR/GBP	-61.57	-61.56	-57.46	-51.95	-53.56	-56.72	-53.56	-63.25	-63.22
EUR/JPY	EUR/GBP	-18.30	-23.70	-21.81	-15.81	-14.86	-19.56	-19.13	-24.65	-25.90
EUR/GBP	EUR/USD	22.83	25.57	23.92	22.96	24.63	24.41	25.11	31.42	30.82
NZD/JPY	EUR/GBP	-75.10	-74.38	-71.20	-67.30	-67.75	-68.14	-64.01	-75.54	-77.01
AUD/JPY	EUR/USD	-38.75	-35.99	-33.54	-28.99	-28.93	-32.30	-28.46	-31.83	-32.41
EUR/JPY	EUR/USD	4.53	1.86	2.11	7.14	9.78	4.85	5.97	6.77	4.92
NZD/JPY	EUR/USD	-52.27	-48.81	-47.27	-44.35	-43.12	-43.73	-38.90	-44.12	-46.20
GBP/JPY	EUR/JPY	61.67	59.81	62.23	69.09	69.19	66.87	70.16	60.40	58.51
GBP/JPY	EUR/USD	50.79	50.37	53.46	55.32	55.93	54.55	55.03	54.92	58.20
NZD/JPY	CHF/JPY	-19.50	-19.53	-16.88	-11.39	-14.57	-13.79	-15.94	-15.82	-15.76
EUR/JPY	NZD/USD	78.08	77.90	74.43	70.12	73.20	71.53	69.40	64.07	61.99
GBP/JPY	NZD/JPY	128.36	127.87	127.88	125.32	129.65	126.41	124.71	119.28	120.63
AUD/JPY	NZD/USD	19.15	21.17	21.57	23.11	25.36	26.98	21.57	18.09	18.03
NZD/USD	AUD/USD	-9.08	-9.60	-9.88	-10.26	-11.52	-13.17	-12.08	-12.13	-13.56
EUR/USD	EUR/USD	-59.89	-57.42	-54.51	-49.63	-50.96	-50.03	-53.84	-54.18	-54.69
NZD/JPY	NZD/USD	8.62	9.78	9.86	10.86	11.38	11.06	7.73	4.82	3.54

資料

通貨ペア		2000年7月	2000年8月	2000年9月	2000年10月	2000年11月	2000年12月	2001年1月	2001年2月	2001年3月
買い	売り									
AUD/JPY	EUR/JPY	-37.74	-34.01	-36.49	-35.83	-37.60	-43.13	-44.68	-46.59	-49.31
GBP/JPY	AUD/JPY	100.72	93.74	100.70	101.08	98.66	106.76	106.93	107.72	117.86
AUD/JPY	AUD/USD	5.43	3.65	4.48	4.58	5.81	8.15	8.93	9.09	12.54
AUD/USD	EUR/USD	-34.50	-31.98	-33.71	-32.90	-33.84	-37.60	-38.40	-39.72	-39.19
EUR/JPY	CHF/JPY	35.73	33.60	32.73	31.40	32.36	36.66	37.41	38.01	38.16
GBP/JPY	CHF/JPY	98.71	93.34	96.94	96.64	93.42	100.30	99.65	99.14	106.71
AUD/JPY	EUR/GBP	-59.89	-61.75	-60.74	-60.99	-64.02	-61.70	-63.46	-66.13	-62.31
EUR/JPY	EUR/GBP	-22.15	-27.74	-24.24	-25.16	-26.42	-18.57	-18.78	-19.54	-13.00
EUR/GBP	EUR/USD	30.82	33.42	31.51	32.67	35.99	32.25	33.99	35.50	35.66
NZD/JPY	EUR/GBP	-73.59	-77.06	-75.39	-73.94	-77.17	-74.88	-75.71	-77.31	-72.72
AUD/JPY	EUR/USD	-29.07	-28.33	-29.23	-28.32	-28.03	-29.45	-29.47	-30.63	-26.65
EUR/JPY	EUR/USD	8.67	5.67	7.26	7.51	9.57	13.68	15.21	15.96	22.66
NZD/JPY	EUR/USD	-42.77	-43.64	-43.89	-41.27	-41.18	-42.63	-41.72	-41.81	-37.06
GBP/JPY	EUR/JPY	62.97	59.74	64.21	65.24	61.06	63.64	62.25	61.13	68.55
GBP/USD	EUR/USD	57.58	56.18	59.31	59.90	54.95	55.49	53.50	52.13	54.48
NZD/JPY	CHF/JPY	-15.72	-15.72	-18.42	-17.38	-18.39	-19.64	-19.52	-19.76	-21.56
EUR/JPY	NZD/USD	55.70	52.04	54.51	52.30	55.24	62.77	64.14	65.22	70.12
GBP/JPY	NZD/JPY	114.42	109.05	115.36	114.03	111.81	119.94	119.18	118.90	128.27
AUD/JPY	NZD/USD	17.96	18.04	18.02	16.47	17.64	19.64	19.46	18.63	20.81
NZD/USD	AUD/USD	-12.53	-14.39	-13.54	-11.89	-11.83	-11.49	-10.53	-9.54	-8.27
NZD/USD	EUR/USD	-47.03	-46.37	-47.25	-44.79	-45.67	-49.09	-48.93	-49.26	-47.46
NZD/JPY	NZD/USD	4.26	2.73	3.36	3.52	4.49	6.46	7.21	7.45	10.40

通貨ペア

買い	売り	2001年4月	2001年5月	2001年6月	2001年7月	2001年8月	2001年9月	2001年10月	2001年11月	2001年12月
AUD/JPY	EUR/JPY	-47.49	-41.37	-42.18	-46.14	-45.91	-51.49	-48.80	-45.77	-48.98
GBP/JPY	AUD/JPY	115.58	109.15	112.63	115.17	109.76	116.92	114.27	112.53	123.44
AUD/JPY	AUD/USD	12.29	10.44	12.50	12.76	10.37	9.64	11.07	12.34	16.02
AUD/USD	EUR/USD	-38.24	-34.37	-33.81	-36.85	-38.41	-42.99	-40.00	-36.95	-37.28
EUR/JPY	CHF/JPY	38.68	35.43	36.04	36.94	37.23	35.67	35.25	35.12	37.60
GBP/JPY	CHF/JPY	106.77	103.21	106.49	105.97	101.08	101.10	100.72	101.88	112.06
AUD/JPY	EUR/GBP	-60.65	-58.93	-56.72	-59.34	-62.76	-66.94	-64.00	-60.28	-54.77
EUR/JPY	EUR/GBP	-13.16	-17.56	-14.53	-13.20	-16.86	-15.45	-15.19	-14.51	-5.79
EUR/GBP	EUR/USD	34.70	35.00	35.41	35.25	34.72	33.59	35.07	35.67	33.51
NZD/JPY	EUR/GBP	-72.76	-70.49	-69.16	-71.02	-73.58	-77.31	-75.10	-73.39	-67.26
AUD/JPY	EUR/USD	-25.95	-23.93	-21.31	-24.09	-28.04	-33.35	-28.93	-24.61	-21.26
EUR/JPY	EUR/USD	21.54	17.44	20.88	22.05	17.86	18.14	19.88	21.16	27.72
NZD/JPY	EUR/USD	-38.06	-35.49	-33.75	-35.77	-38.86	-43.72	-40.03	-37.72	-33.75
GBP/JPY	EUR/JPY	68.09	67.78	70.45	69.03	63.86	65.44	65.47	66.76	74.46
GBP/USD	EUR/USD	54.84	56.32	56.49	55.12	53.44	54.65	53.68	53.91	56.68
NZD/JPY	CHF/JPY	-20.92	-17.50	-18.58	-20.88	-19.49	-26.20	-24.66	-23.76	-23.87
EUR/JPY	NZD/USD	69.54	61.41	64.67	68.22	65.32	69.79	68.99	68.70	74.51
GBP/JPY	NZD/JPY	127.70	120.71	125.07	126.85	120.57	127.30	125.38	125.64	135.93
AUD/JPY	NZD/USD	22.05	20.04	22.48	22.08	19.42	18.30	20.18	22.93	25.53
NZD/USD	AUD/USD	-9.76	-9.60	-9.98	-9.32	-9.05	-8.66	-9.11	-10.59	-9.51
NZD/USD	EUR/USD	-48.00	-43.97	-43.79	-46.17	-47.46	-51.65	-49.11	-47.54	-46.79
NZD/JPY	NZD/USD	9.94	8.48	10.04	10.40	8.60	7.93	9.08	9.82	13.04

通貨ペア		2002年1月	2002年2月	2002年3月	2002年4月	2002年5月	2002年6月	2002年7月	2002年8月	2002年9月
買い	売り									
AUD/JPY	EUR/JPY	-47.16	-47.00	-44.91	-46.69	-46.03	-50.76	-52.88	-51.13	-53.72
GBP/JPY	AUD/JPY	120.76	121.58	118.47	117.77	111.32	115.39	123.77	117.76	124.75
AUD/JPY	AUD/USD	16.69	17.70	17.49	15.11	13.25	11.13	10.97	10.02	12.36
AUD/USD	EUR/USD	-35.48	-34.99	-33.82	-36.47	-37.26	-42.42	-43.99	-43.26	-43.78
EUR/JPY	CHF/JPY	36.76	37.49	36.80	36.64	36.61	37.89	37.10	37.29	38.24
GBP/JPY	CHF/JPY	110.36	112.07	110.37	107.72	101.90	102.52	107.99	103.92	109.27
AUD/JPY	EUR/GBP	-54.40	-52.59	-51.44	-54.87	-58.21	-61.77	-59.69	-61.93	-59.08
EUR/JPY	EUR/GBP	-7.25	-5.59	-6.53	-8.18	-12.18	-11.01	-6.81	-10.80	-5.36
EUR/GBP	EUR/USD	35.61	35.30	35.11	33.51	34.20	30.48	26.67	28.69	27.66
NZD/JPY	EUR/GBP	-66.40	-65.48	-63.76	-66.55	-69.16	-70.60	-68.82	-71.77	-68.02
EUR/JPY	EUR/USD	-18.79	-17.29	-16.33	-21.36	-24.01	-31.29	-33.02	-33.24	-31.42
NZD/JPY	EUR/USD	28.36	29.71	28.58	25.33	22.02	19.47	19.86	17.89	22.30
NZD/JPY	EUR/JPY	-30.79	-30.18	-28.65	-33.04	-34.96	-40.12	-42.15	-43.08	-40.36
GBP/JPY	GBP/JPY	73.60	74.58	73.57	71.08	65.29	64.63	70.89	66.64	71.03
GBP/USD	GBP/USD	55.37	55.52	55.41	55.53	52.86	53.99	58.98	56.40	57.88
EUR/JPY	CHF/JPY	-22.39	-22.40	-20.43	-21.73	-20.37	-21.69	-24.91	-23.68	-24.42
EUR/JPY	NZD/USD	72.86	74.29	71.68	70.92	68.15	69.26	71.45	69.48	73.36
GBP/JPY	NZD/USD	132.76	134.47	130.80	129.45	122.27	124.21	132.89	127.61	133.68
AUD/USD	NZD/USD	25.71	27.29	26.77	24.23	22.12	18.50	18.57	18.35	19.64
NZD/USD	AUD/USD	-9.02	-9.59	-9.28	-9.12	-8.87	-7.37	-7.60	-8.33	-7.28
EUR/USD	EUR/USD	-44.50	-44.58	-43.10	-45.59	-46.13	-49.79	-51.59	-51.59	-51.06
NZD/JPY	NZD/USD	13.71	14.40	14.45	12.55	11.17	9.67	9.45	8.51	10.71

通貨ペア		2002年10月	2002年11月	2002年12月	2003年1月	2003年2月	2003年3月	2003年4月	2003年5月	2003年6月
買い	売り									
AUD/JPY	EUR/JPY	-53.00	-53.04	-57.11	-58.62	-55.14	-57.33	-58.33	-63.50	-56.95
GBP/JPY	AUD/JPY	123.48	121.16	123.23	126.76	114.10	116.37	116.10	118.35	117.34
AUD/JPY	AUD/USD	12.66	12.42	10.42	11.39	10.35	11.82	12.11	11.89	13.12
AUD/USD	EUR/USD	-43.13	-43.40	-48.19	-49.11	-47.10	-47.94	-48.85	-53.70	-47.59
EUR/JPY	CHF/JPY	38.36	39.17	38.78	41.02	39.87	41.80	44.89	48.57	48.18
GBP/JPY	CHF/JPY	108.85	107.29	104.91	109.16	98.82	100.84	102.66	103.42	108.58
AUD/JPY	EUR/GBP	-58.39	-59.70	-63.64	-60.65	-65.25	-65.22	-64.95	-66.80	-58.86
EUR/JPY	EUR/GBP	-5.40	-6.66	-6.54	-2.03	-10.10	-7.89	-6.62	-3.30	-1.91
EUR/GBP	EUR/USD	27.92	28.72	25.87	22.93	28.50	29.10	28.21	24.99	24.38
NZD/JPY	EUR/GBP	-67.07	-67.67	-68.39	-65.67	-70.12	-71.14	-72.51	-75.59	-69.10
AUD/JPY	EUR/USD	-30.47	-30.98	-37.77	-37.72	-36.75	-36.12	-36.74	-41.81	-34.48
EUR/JPY	EUR/USD	22.52	22.06	19.33	20.90	18.40	21.21	21.59	21.69	22.47
NZD/JPY	EUR/USD	-39.15	-38.95	-42.52	-42.74	-41.62	-42.04	-44.30	-50.60	-44.72
GBP/JPY	EUR/JPY	70.49	68.12	66.12	68.15	58.95	59.04	57.77	54.85	60.40
GBP/USD	EUR/USD	57.37	55.76	55.81	57.08	50.37	49.37	48.37	46.38	50.48
NZD/JPY	CHF/JPY	-23.31	-21.84	-23.07	-22.62	-20.15	-21.45	-21.00	-23.72	-19.01
EUR/JPY	NZD/USD	72.70	71.99	71.52	74.21	69.67	74.10	76.76	82.83	78.63
GBP/JPY	NZD/JPY	132.16	129.13	127.98	131.78	118.97	122.29	123.66	127.14	127.59
AUD/JPY	NZD/USD	19.71	18.95	14.42	15.59	14.52	16.77	18.43	19.33	21.68
NZD/USD	AUD/USD	-7.05	-6.53	-4.00	-4.20	-4.17	-4.95	-6.32	-7.44	-8.57
NZD/USD	EUR/USD	-50.18	-49.93	-52.19	-53.31	-51.27	-52.89	-55.17	-61.14	-56.16
NZD/JPY	NZD/USD	11.03	10.98	9.67	10.57	9.65	10.85	10.87	10.54	11.44

資料

通貨ペア

買い	売り	2003年7月	2003年8月	2003年9月	2003年10月	2003年11月	2003年12月	2004年1月	2004年2月	2004年3月
AUD/JPY	EUR/JPY	-58.22	-52.62	-53.59	-49.97	-51.25	-54.09	-50.84	-51.79	-49.01
GBP/JPY	AUD/JPY	116.15	108.50	109.39	107.50	107.79	110.16	111.78	119.52	113.42
AUD/JPY	AUD/USD	13.20	10.81	7.27	5.84	6.59	5.15	4.52	7.43	4.26
AUD/USD	EUR/USD	-48.40	-45.09	-48.41	-46.17	-46.97	-50.59	-47.99	-47.23	-46.38
EUR/JPY	CHF/JPY	48.39	44.81	45.02	44.90	45.84	47.95	47.29	49.85	46.15
GBP/JPY	CHF/JPY	106.33	100.69	100.81	102.44	102.39	104.02	108.22	117.59	110.56
AUD/JPY	EUR/GBP	-62.07	-63.73	-64.39	-60.91	-60.51	-61.40	-56.13	-49.06	-53.65
EUR/JPY	EUR/GBP	-3.85	-11.11	-10.80	-10.94	-9.25	-7.30	-5.28	2.73	-4.64
EUR/GBP	EUR/USD	26.87	29.45	23.25	20.58	20.13	15.96	12.66	9.26	11.53
NZD/JPY	EUR/GBP	-70.35	-71.81	-74.05	-71.15	-69.50	-71.37	-65.66	-58.26	-63.83
AUD/JPY	EUR/USD	-35.20	-34.28	-41.14	-40.33	-40.38	-45.44	-43.47	-39.80	-42.12
EUR/JPY	EUR/USD	23.02	18.34	12.45	9.64	10.88	8.66	7.38	11.99	6.89
NZD/JPY	EUR/USD	-43.48	-42.36	-50.80	-50.57	-49.37	-55.41	-53.00	-49.00	-52.30
GBP/JPY	EUR/JPY	57.94	55.88	55.80	57.53	56.54	56.07	60.93	67.73	64.41
GBP/USD	EUR/USD	48.18	47.89	50.40	53.15	51.82	52.42	57.51	61.79	60.96
NZD/JPY	CHF/JPY	-18.11	-15.89	-18.23	-15.31	-14.40	-16.11	-13.09	-11.14	-13.04
EUR/JPY	NZD/JPY	78.31	70.35	69.58	65.26	66.09	68.57	64.36	67.62	62.91
GBP/JPY	NZD/JPY	124.43	116.58	119.05	117.74	116.79	120.13	121.31	128.72	123.61
AUD/JPY	NZD/USD	20.09	17.73	15.99	15.29	14.83	14.47	13.51	15.83	13.90
NZD/USD	AUD/USD	-6.89	-6.92	-8.72	-9.45	-8.24	-9.32	-8.99	-8.40	-9.64
NZD/USD	EUR/USD	-55.29	-52.01	-57.13	-55.62	-55.21	-59.91	-56.98	-55.63	-56.02
NZD/JPY	NZD/USD	11.81	9.65	6.33	5.05	5.84	4.50	3.98	6.63	3.72

161

通貨ペア		2004年4月	2004年5月	2004年6月	2004年7月	2004年8月	2004年9月	2004年10月	2004年11月	2004年12月
買い	売り									
AUD/JPY	EUR/JPY	-50.00	-56.22	-56.00	-56.62	-55.60	-57.29	-56.13	-56.66	-60.96
GBP/JPY	AUD/JPY	115.57	123.60	120.79	125.20	120.44	120.18	115.26	114.81	118.84
AUD/JPY	AUD/USD	6.96	7.32	5.71	8.42	6.90	7.85	4.32	2.42	2.99
AUD/USD	EUR/USD	-45.69	-50.99	-51.73	-50.53	-50.62	-51.64	-53.06	-54.94	-58.70
EUR/JPY	CHF/JPY	46.26	46.70	45.29	47.44	46.56	48.72	46.78	46.52	49.71
GBP/JPY	CHF/JPY	111.83	114.08	110.08	116.03	111.40	111.61	105.90	104.67	107.59
EUR/JPY	EUR/GBP	-52.57	-54.68	-58.97	-54.28	-57.44	-57.49	-60.03	-60.22	-61.53
EUR/JPY	EUR/GBP	-2.57	1.54	-2.98	2.34	-1.84	-0.20	-3.89	-3.56	-0.57
EUR/GBP	EUR/USD	13.84	11.01	12.95	12.17	13.72	13.70	11.29	7.70	5.82
EUR/JPY	EUR/GBP	-64.04	-63.87	-65.47	-61.64	-62.89	-62.71	-66.84	-66.75	-67.79
NZD/JPY	EUR/USD	-38.73	-43.67	-46.02	-42.11	-43.72	-43.79	-48.74	-52.52	-55.71
AUD/JPY	EUR/USD	11.27	12.55	9.97	14.51	11.88	13.50	7.40	4.14	5.25
EUR/JPY	NZD/USD	-50.20	-52.86	-52.52	-49.47	-49.17	-49.01	-55.55	-59.05	-61.97
GBP/JPY	EUR/JPY	65.57	67.38	64.79	68.58	64.84	62.89	59.12	58.15	57.88
GBP/USD	EUR/USD	59.90	61.11	59.85	61.20	59.02	56.69	55.89	56.39	55.73
NZD/JPY	CHF/JPY	-15.21	-18.71	-17.20	-16.54	-14.49	-13.80	-16.17	-16.67	-17.51
EUR/JPY	NZD/USD	67.43	71.88	67.70	71.62	67.46	69.84	66.91	65.42	69.98
GBP/JPY	NZD/JPY	127.04	132.79	127.29	132.57	125.89	125.41	122.08	121.34	125.10
AUD/JPY	NZD/JPY	17.43	15.66	11.71	15.00	11.86	12.55	10.77	8.76	9.02
NZD/USD	AUD/USD	-10.47	-8.34	-6.00	-6.58	-4.96	-4.70	-6.45	-6.34	-6.03
NZD/JPY	EUR/USD	-56.16	-59.33	-57.73	-57.11	-55.58	-56.34	-59.51	-61.28	-64.73
NZD/JPY	NZD/USD	5.96	6.47	5.21	7.64	6.41	7.33	3.96	2.23	2.76

資料

買い	売り	2005年1月	2005年2月	2005年3月	2005年4月	2005年5月	2005年6月	2005年7月	2005年8月	2005年9月
AUD/JPY	EUR/JPY	-54.61	-56.12	-56.19	-53.39	-52.45	-49.14	-50.89	-52.75	-50.03
GBP/JPY	AUD/JPY	115.03	119.26	119.24	118.32	114.65	114.87	112.20	115.59	113.34
AUD/JPY	AUD/USD	2.55	4.19	5.71	3.80	6.04	7.78	9.35	8.59	9.96
AUD/USD	EUR/USD	-52.87	-53.29	-52.34	-50.91	-48.61	-44.60	-45.30	-47.29	-44.24
EUR/JPY	CHF/JPY	47.54	48.56	49.32	47.33	47.48	47.07	48.92	48.27	48.68
GBP/JPY	CHF/JPY	107.96	111.71	112.36	112.26	109.68	112.81	110.24	111.12	112.00
AUD/JPY	EUR/GBP	-58.01	-54.67	-54.68	-53.18	-54.63	-49.84	-52.64	-53.54	-50.54
EUR/JPY	EUR/GBP	-3.40	1.45	1.52	0.21	-2.18	-0.70	-1.75	-0.79	-0.51
EUR/GBP	EUR/USD	7.69	5.57	8.05	6.07	12.06	13.02	16.69	14.84	16.26
NZD/JPY	EUR/GBP	-64.45	-61.44	-61.44	-58.37	-59.91	-56.87	-61.17	-60.09	-58.31
AUD/JPY	EUR/USD	-50.32	-49.10	-46.63	-47.11	-42.57	-36.82	-35.95	-38.70	-34.28
EUR/JPY	EUR/USD	4.29	7.02	9.57	6.28	9.88	12.32	14.94	14.05	15.75
NZD/JPY	EUR/USD	-56.76	-55.87	-53.39	-52.30	-47.85	-43.85	-44.48	-45.25	-42.05
GBP/JPY	EUR/JPY	60.42	63.15	63.04	64.93	62.20	65.74	61.32	62.84	63.31
GBP/USD	EUR/USD	58.51	59.95	58.70	61.91	57.63	59.65	54.59	56.36	55.97
NZD/JPY	CHF/JPY	-13.51	-14.33	-13.64	-11.25	-10.25	-9.10	-10.50	-11.03	-9.12
EUR/JPY	NZD/USD	63.39	66.74	68.21	62.14	63.37	63.30	67.84	67.22	66.86
GBP/JPY	NZD/USD	121.47	126.04	126.00	123.51	119.93	121.91	120.74	122.15	121.11
AUD/JPY	NZD/USD	8.78	10.62	12.01	8.75	10.92	14.16	16.95	14.47	16.83
NZD/USD	AUD/USD	-6.23	-6.43	-6.30	-4.95	-4.88	-6.38	-7.60	-5.88	-6.87
NZD/USD	EUR/USD	-59.10	-59.72	-58.64	-55.86	-53.49	-50.98	-52.90	-53.17	-51.11
NZD/JPY	NZD/USD	2.34	3.85	5.25	3.56	5.65	7.13	8.42	7.92	9.06

通貨ペア

買い	売り	2005年10月	2005年11月	2005年12月	2006年1月	2006年2月	2006年3月	2006年4月	2006年5月
AUD/JPY	EUR/JPY	-52.81	-52.54	-53.40	-54.06	-51.94	-58.34	-57.31	-59.59
GBP/JPY	AUD/JPY	118.42	117.22	117.06	119.87	116.42	120.22	121.22	125.90
AUD/JPY	AUD/USD	11.76	14.56	13.11	13.28	12.02	12.75	10.53	9.51
AUD/USD	EUR/USD	-45.65	-43.88	-45.29	-45.91	-44.66	-49.54	-50.41	-52.89
EUR/JPY	CHF/JPY	49.23	49.83	49.96	50.81	49.84	52.41	51.90	51.91
GBP/JPY	CHF/JPY	114.83	114.51	113.61	116.62	114.31	114.29	115.81	118.22
AUD/JPY	EUR/GBP	-49.32	-48.75	-51.10	-48.55	-50.44	-55.10	-51.95	-52.30
EUR/JPY	EUR/GBP	3.49	3.79	2.30	5.51	1.50	3.24	5.36	7.29
EUR/GBP	EUR/USD	15.43	19.43	18.92	15.92	17.80	18.30	12.06	8.91
EUR/JPY	EUR/GBP	-54.66	-53.18	-56.79	-56.45	-59.43	-66.89	-65.73	-65.76
NZD/JPY	EUR/USD	-33.89	-29.32	-32.18	-32.63	-32.64	-36.80	-39.89	-43.39
AUD/JPY	EUR/USD	18.92	23.22	21.22	21.43	19.30	21.54	17.42	16.20
EUR/JPY	NZD/USD	-39.23	-33.75	-37.87	-40.53	-41.63	-48.59	-53.67	-56.85
NZD/JPY	EUR/JPY	65.61	64.68	63.66	65.81	64.47	61.88	63.91	66.31
GBP/JPY	EUR/USD	56.71	54.02	53.98	55.91	55.43	52.54	56.27	58.90
GBP/USD	CHF/JPY	-8.93	-7.14	-9.13	-11.15	-11.09	-17.72	-19.19	-21.15
NZD/JPY	NZD/USD	69.19	70.80	71.33	74.05	71.69	81.14	79.91	80.88
EUR/JPY	NZD/JPY	123.76	121.66	122.74	127.77	125.41	132.01	135.00	139.36
GBP/JPY	NZD/USD	16.38	18.26	17.93	19.99	19.75	22.81	22.61	21.30
AUD/JPY	AUD/USD	-4.62	-3.70	-4.82	-6.71	-7.73	-10.06	-12.08	-11.79
NZD/USD	EUR/USD	-50.27	-47.58	-50.11	-52.62	-52.39	-59.60	-62.49	-64.68
EUR/JPY	NZD/USD	11.04	13.83	12.24	12.09	10.76	11.01	8.82	7.83

順位相関通貨ペア　月別標準偏差表

通貨ペア

買い	売り	1999年5月	1999年6月	1999年7月	1999年8月	1999年9月	1999年10月	1999年11月	1999年12月	2000年1月
AUD/JPY	EUR/JPY	3.62	3.76	3.11	1.88	2.30	2.23	2.77	2.96	2.98
GBP/JPY	AUD/JPY	2.25	2.37	3.02	3.24	3.84	2.84	3.04	3.02	2.80
AUD/JPY	AUD/USD	1.92	1.18	1.34	2.53	3.92	4.08	2.73	1.70	1.04
AUD/USD	EUR/USD	3.68	3.28	2.75	2.05	2.08	2.27	1.46	2.06	2.58
EUR/JPY	CHF/JPY	0.84	1.01	1.04	1.45	2.03	2.14	2.03	1.68	1.32
GBP/JPY	CHF/JPY	3.37	2.04	2.38	3.82	4.46	3.72	2.41	1.86	2.51
AUD/JPY	EUR/GBP	5.15	4.01	3.29	3.93	4.42	3.99	1.47	1.13	2.76
EUR/JPY	EUR/GBP	2.54	1.68	2.39	3.98	5.07	4.43	3.54	2.75	2.56
EUR/GBP	EUR/USD	0.85	0.90	1.30	1.27	1.59	2.31	1.73	1.43	1.16
NZD/JPY	EUR/GBP	4.36	3.06	2.57	3.50	3.54	3.13	1.43	1.18	2.18
AUD/JPY	EUR/USD	5.29	4.03	3.60	4.17	5.35	5.78	2.50	1.60	2.45
EUR/JPY	EUR/USD	2.77	1.65	1.93	3.79	6.05	6.30	4.50	2.83	1.69
NZD/JPY	EUR/USD	4.49	2.98	2.43	3.43	4.40	5.03	2.68	1.98	2.16
GBP/JPY	EUR/JPY	3.43	2.20	2.01	2.65	2.85	2.03	0.98	0.95	2.13
GBP/USD	EUR/USD	1.96	1.60	1.24	1.02	1.76	2.23	2.22	1.79	1.82
NZD/JPY	CHF/JPY	2.56	2.22	1.46	1.16	1.09	1.45	1.50	1.78	1.89
EUR/JPY	NZD/USD	2.77	2.77	2.13	2.84	5.27	5.15	5.04	4.36	3.63
GBP/JPY	NZD/JPY	2.49	1.76	2.13	3.21	4.44	3.54	3.40	3.35	3.33
AUD/JPY	NZD/USD	2.38	1.90	2.11	2.84	4.10	4.11	2.44	1.57	1.51
NZD/USD	AUD/USD	0.63	1.07	1.32	1.02	0.80	0.90	0.82	0.75	0.76
EUR/USD	EUR/USD	3.21	2.45	1.73	1.57	1.71	2.19	1.73	2.19	2.43
NZD/JPY	NZD/USD	1.57	0.93	1.09	2.08	3.16	3.28	2.25	1.39	0.82

165

通貨ペア

買い	売り	2000年2月	2000年3月	2000年4月	2000年5月	2000年6月	2000年7月	2000年8月	2000年9月	2000年10月
AUD/JPY	EUR/JPY	2.31	1.38	1.46	1.80	1.57	1.51	1.72	2.01	1.75
GBP/JPY	AUD/JPY	2.94	2.89	2.34	2.81	3.40	3.15	2.63	2.86	3.05
AUD/JPY	AUD/USD	1.61	1.63	1.36	1.12	0.81	0.82	0.72	0.72	0.64
AUD/USD	EUR/USD	2.26	1.31	1.14	1.61	1.59	1.53	1.71	1.85	1.54
EUR/JPY	CHF/JPY	1.08	1.06	1.77	2.21	1.54	0.83	0.88	1.72	1.98
GBP/JPY	CHF/JPY	3.24	3.21	2.59	3.60	4.12	3.75	3.04	2.82	2.79
AUD/JPY	EUR/GBP	3.23	2.75	2.14	2.76	3.34	3.36	3.13	2.02	1.93
EUR/JPY	EUR/GBP	2.72	2.76	2.38	3.03	2.91	2.54	2.23	2.56	2.53
EUR/GBP	EUR/USD	1.18	1.37	1.38	2.45	2.81	2.77	1.62	1.83	1.81
NZD/JPY	EUR/GBP	2.43	2.11	1.77	2.76	4.06	4.42	3.78	1.87	2.06
AUD/JPY	EUR/USD	3.13	2.44	1.75	1.97	2.04	2.02	2.07	1.94	1.50
EUR/JPY	EUR/USD	2.53	2.56	2.15	1.75	1.27	1.29	1.11	1.15	1.03
NZD/JPY	EUR/USD	2.50	2.21	2.13	2.45	2.50	2.52	2.52	1.52	1.54
GBP/JPY	EUR/JPY	2.87	2.62	1.97	2.52	3.69	3.78	3.27	2.06	2.44
GBP/USD	EUR/USD	1.77	1.46	1.46	2.32	3.35	3.57	2.64	1.45	1.88
NZD/JPY	CHF/JPY	1.28	0.97	1.03	1.26	1.62	2.08	1.71	0.97	1.38
EUR/JPY	NZD/USD	2.89	2.66	3.37	3.57	2.28	2.41	2.06	1.88	1.96
GBP/JPY	NZD/JPY	3.54	3.55	3.29	3.78	2.95	2.22	2.10	2.72	2.86
AUD/JPY	NZD/USD	1.98	2.04	2.48	2.36	1.37	1.56	1.24	0.97	0.70
NZD/USD	AUD/USD	0.76	1.05	1.68	1.53	1.09	1.23	1.21	0.79	0.65
NZD/USD	EUR/USD	1.91	1.51	2.09	2.54	2.19	2.23	2.17	1.43	1.52
NZD/JPY	NZD/USD	1.25	1.27	1.04	0.85	0.66	0.65	0.59	0.58	0.52

資料

通貨ペア		2000年11月	2000年12月	2001年1月	2001年2月	2001年3月	2001年4月	2001年5月	2001年6月	2001年7月
買い	売り									
AUD/JPY	EUR/JPY	1.35	2.41	3.86	3.98	3.93	2.43	2.79	3.65	3.16
GBP/JPY	AUD/JPY	2.95	3.73	4.00	4.15	5.04	4.12	3.77	3.58	3.21
AUD/JPY	AUD/USD	0.66	1.22	2.06	1.98	1.71	1.45	1.38	1.00	0.82
AUD/USD	EUR/USD	1.05	1.62	2.39	2.50	2.35	1.24	2.09	2.93	2.38
EUR/JPY	CHF/JPY	1.55	1.43	2.70	2.67	2.07	0.79	0.90	1.26	1.14
GBP/JPY	CHF/JPY	2.74	2.44	2.95	2.96	3.13	2.50	2.51	1.85	1.57
AUD/JPY	EUR/GBP	2.14	1.41	1.36	1.50	1.61	1.59	2.39	2.82	2.23
EUR/JPY	EUR/GBP	2.38	2.74	3.90	3.86	3.38	2.32	2.28	1.92	1.74
EUR/GBP	EUR/USD	1.88	1.41	1.19	1.15	1.25	1.22	0.73	0.88	0.75
NZD/JPY	EUR/GBP	2.12	1.62	1.43	1.23	1.11	1.12	2.03	2.14	1.73
AUD/USD	EUR/USD	1.02	1.01	1.01	1.07	1.27	1.52	2.64	3.25	2.46
EUR/JPY	EUR/USD	1.08	2.11	3.60	3.51	3.40	2.93	2.60	1.85	1.62
NZD/JPY	EUR/USD	1.25	1.29	1.20	1.03	1.40	1.72	2.35	2.55	1.92
GBP/JPY	EUR/JPY	2.25	2.21	1.48	1.25	1.71	2.14	2.35	1.82	1.37
GBP/USD	EUR/USD	1.84	1.90	2.22	1.94	1.27	0.83	0.99	1.12	0.99
NZD/JPY	CHF/JPY	1.47	1.16	1.03	1.01	1.19	1.23	1.64	1.92	1.82
EUR/JPY	NZD/USD	1.61	3.00	5.27	5.20	4.53	2.89	3.02	3.34	3.10
GBP/JPY	NZD/JPY	2.76	3.34	3.77	3.80	4.21	3.59	3.49	3.16	2.90
AUD/JPY	NZD/USD	0.72	0.79	1.48	1.42	1.04	1.17	1.34	1.36	1.08
NZD/USD	AUD/USD	0.74	0.87	0.77	0.93	1.29	1.10	0.76	0.78	0.62
EUR/USD	NZD/USD	1.14	1.36	1.93	1.88	1.58	0.93	1.79	2.37	1.96
NZD/JPY	NZD/USD	0.53	1.01	1.72	1.67	1.51	1.24	1.13	0.79	0.65

167

通貨ペア

買い	売り	2001年8月	2001年9月	2001年10月	2001年11月	2001年12月	2002年1月	2002年2月	2002年3月	2002年4月
AUD/JPY	EUR/JPY	2.23	3.06	2.68	2.07	2.09	1.93	1.65	1.55	1.48
GBP/JPY	AUD/JPY	2.37	2.53	2.28	2.36	3.57	4.17	4.46	3.78	2.07
AUD/JPY	AUD/USD	0.88	1.30	1.27	1.10	1.76	2.69	2.52	1.83	0.84
AUD/USD	EUR/USD	1.88	2.97	2.80	2.15	2.05	2.05	1.29	1.19	1.11
EUR/JPY	CHF/JPY	0.96	0.91	0.85	1.13	1.10	1.37	1.39	1.08	0.61
GBP/JPY	CHF/JPY	1.96	2.47	2.43	1.91	3.16	4.48	4.60	3.74	1.62
AUD/JPY	EUR/GBP	2.09	3.41	3.32	2.58	3.12	3.99	3.35	2.68	1.49
EUR/JPY	EUR/GBP	1.62	1.66	1.36	1.34	2.93	4.24	4.24	3.33	1.33
EUR/GBP	EUR/USD	0.75	0.98	1.03	1.08	1.08	1.09	0.94	0.83	0.75
NZD/JPY	EUR/GBP	1.57	2.55	2.48	1.99	2.48	3.45	3.18	2.82	1.41
AUD/JPY	EUR/USD	2.24	3.97	3.97	3.14	3.42	4.35	3.42	2.61	1.64
EUR/JPY	EUR/USD	1.49	1.85	1.68	1.54	2.83	4.29	4.13	2.98	1.36
NZD/JPY	EUR/USD	1.65	3.04	3.10	2.45	2.64	3.71	3.18	2.74	1.55
GBP/JPY	EUR/JPY	2.07	2.37	2.27	1.80	2.65	3.26	3.33	2.78	1.23
GBP/USD	EUR/USD	1.28	1.31	1.15	1.13	1.15	1.00	0.99	0.89	0.66
NZD/JPY	CHF/JPY	1.26	2.37	2.46	2.22	2.04	1.03	0.79	1.02	1.09
EUR/JPY	NZD/USD	2.29	2.31	1.50	1.43	2.62	3.30	3.39	2.45	1.72
GBP/JPY	NZD/JPY	2.49	2.44	2.24	2.27	3.76	4.32	4.51	3.65	2.23
AUD/JPY	NZD/USD	1.21	1.89	1.85	1.62	2.20	2.81	2.36	1.48	0.89
NZD/USD	AUD/USD	0.51	0.73	0.66	0.64	0.67	0.60	0.52	0.49	0.22
EUR/USD	EUR/USD	1.52	2.37	2.26	1.74	1.62	1.75	1.30	1.38	1.13
NZD/JPY	NZD/USD	0.65	0.96	0.93	0.83	1.38	2.22	2.11	1.60	0.68

資料

通貨ペア

買い	売り	2002年5月	2002年6月	2002年7月	2002年8月	2002年9月	2002年10月	2002年11月	2002年12月	2003年1月
AUD/JPY	EUR/JPY	0.93	1.13	2.51	2.80	2.61	1.40	1.03	1.48	1.79
GBP/JPY	AUD/JPY	2.77	3.18	3.05	3.19	4.00	3.69	2.83	2.95	1.71
AUD/JPY	AUD/USD	1.27	1.64	2.62	2.26	1.67	1.45	1.37	1.28	1.02
AUD/USD	EUR/USD	0.85	1.66	3.54	3.53	2.89	1.25	0.92	1.20	2.00
EUR/JPY	CHF/JPY	0.55	0.65	0.63	0.64	0.66	0.78	0.92	0.97	0.89
GBP/JPY	CHF/JPY	2.74	3.28	3.14	2.15	2.17	3.12	2.81	2.76	1.93
AUD/JPY	EUR/GBP	1.65	2.49	3.79	3.39	2.32	2.25	2.18	2.07	1.77
EUR/JPY	EUR/GBP	1.85	2.13	2.04	1.57	1.90	2.89	2.76	2.83	1.47
EUR/GBP	EUR/USD	0.83	1.08	2.57	2.62	2.59	1.35	1.11	1.19	1.28
NZD/JPY	EUR/GBP	1.27	1.61	2.41	2.34	1.87	2.33	2.51	2.47	1.27
AUD/JPY	EUR/USD	1.96	3.19	6.11	5.74	4.45	2.38	2.01	1.96	2.78
EUR/JPY	EUR/USD	2.19	2.64	3.84	3.15	2.31	2.46	2.31	2.20	1.68
NZD/JPY	EUR/USD	1.50	2.26	4.75	4.67	3.88	2.33	2.18	1.97	1.73
GBP/JPY	EUR/JPY	2.31	3.35	3.36	2.42	2.02	2.59	2.12	2.09	2.11
GBP/USD	EUR/USD	0.76	1.20	1.52	1.69	1.99	1.45	1.02	0.95	1.01
NZD/JPY	CHF/JPY	0.88	1.11	1.54	2.04	2.15	1.30	1.15	1.01	1.00
EUR/JPY	NZD/USD	1.98	1.92	1.64	1.25	1.53	1.99	1.68	1.72	1.23
GBP/JPY	NZD/JPY	3.30	4.07	3.61	3.11	3.64	3.55	2.61	2.58	2.32
AUD/JPY	NZD/USD	1.47	2.16	3.40	2.90	1.98	1.34	1.17	1.25	1.89
NZD/USD	AUD/USD	0.29	0.60	0.83	0.73	0.46	0.43	0.63	0.93	1.21
EUR/USD	NZD/USD	0.74	1.20	2.79	2.93	2.58	1.23	1.02	0.92	1.07
NZD/JPY	NZD/USD	0.95	1.18	2.01	1.79	1.40	1.31	1.27	1.22	0.83

169

通貨ペア		2003年2月	2003年3月	2003年4月	2003年5月	2003年6月	2003年7月	2003年8月	2003年9月	2003年10月
買い	売り									
AUD/JPY	EUR/JPY	2.04	1.93	1.61	1.63	1.83	1.99	2.45	3.00	3.19
GBP/JPY	AUD/JPY	2.64	3.62	4.24	4.54	3.91	2.11	2.64	3.27	4.06
AUD/JPY	AUD/USD	1.02	0.92	0.87	0.63	0.70	0.76	0.71	1.15	2.45
AUD/USD	EUR/USD	2.30	2.12	1.78	1.62	1.75	1.87	2.19	2.40	1.97
EUR/JPY	CHF/JPY	1.01	1.03	1.37	2.56	3.15	2.99	1.81	1.42	1.49
GBP/JPY	CHF/JPY	2.80	3.58	3.77	3.25	3.47	3.29	2.91	2.97	2.91
AUD/JPY	EUR/GBP	2.27	2.55	2.57	2.20	2.41	2.67	2.64	2.59	2.03
EUR/GBP	EUR/GBP	1.78	2.17	2.37	2.31	2.85	2.72	2.63	3.11	3.78
EUR/JPY	EUR/USD	1.51	1.64	1.90	1.91	2.33	2.29	2.22	2.19	2.72
NZD/JPY	EUR/GBP	1.27	1.92	2.44	3.34	3.13	2.36	2.37	2.37	2.10
AUD/JPY	EUR/USD	3.12	2.82	2.41	1.84	1.93	2.15	2.47	2.56	2.85
EUR/JPY	EUR/USD	1.67	1.56	1.49	1.16	1.21	1.19	1.19	2.07	4.38
NZD/JPY	EUR/USD	1.80	1.85	1.79	2.89	3.32	2.95	2.89	2.84	3.50
GBP/JPY	EUR/JPY	3.21	4.05	4.49	4.88	4.10	2.47	2.25	2.16	1.98
GBP/USD	EUR/USD	1.89	2.72	3.23	3.75	3.11	1.91	1.74	1.79	1.88
NZD/JPY	CHF/JPY	0.92	0.85	0.87	0.87	0.98	1.74	2.28	2.49	2.09
EUR/JPY	NZD/USD	1.37	1.33	1.53	2.64	3.31	3.13	2.90	3.74	4.88
GBP/JPY	NZD/JPY	3.42	4.07	4.29	3.74	3.62	2.87	3.17	3.74	4.21
AUD/JPY	NZD/USD	2.01	1.69	1.49	1.34	1.93	1.81	1.14	1.28	1.93
NZD/USD	AUD/USD	1.18	1.02	0.83	1.21	1.65	1.35	0.84	0.66	0.91
NZD/USD	EUR/USD	1.27	1.34	1.38	2.60	3.09	2.78	2.62	2.66	2.41
NZD/JPY	NZD/USD	0.75	0.74	0.70	0.61	0.62	0.62	0.64	1.03	2.21

資料

通貨ペア

買い	売り	2003年11月	2003年12月	2004年1月	2004年2月	2004年3月	2004年4月	2004年5月	2004年6月	2004年7月
AUD/JPY	EUR/JPY	3.02	2.62	1.67	1.58	1.65	1.78	2.51	3.18	3.22
GBP/JPY	AUD/JPY	3.67	2.92	2.30	3.87	4.73	3.74	3.86	4.28	4.36
AUD/JPY	AUD/USD	2.82	2.75	1.90	0.92	1.18	1.27	1.78	1.69	1.49
AUD/USD	EUR/USD	1.49	1.74	1.93	1.74	1.73	1.59	1.69	2.30	2.42
EUR/JPY	CHF/JPY	1.24	1.07	1.37	1.56	1.48	1.43	1.36	1.68	1.17
GBP/JPY	CHF/JPY	2.45	1.70	2.82	4.87	5.35	4.67	3.28	2.43	1.83
AUD/JPY	EUR/GBP	1.98	1.70	2.78	4.16	4.09	3.85	2.78	2.58	1.80
EUR/JPY	EUR/GBP	3.20	2.47	2.91	4.37	4.60	3.60	2.88	2.61	2.42
EUR/GBP	EUR/USD	3.10	4.06	5.32	5.38	4.80	3.53	2.42	2.30	1.88
NZD/JPY	EUR/GBP	1.97	1.73	2.54	4.34	4.26	3.93	3.02	2.33	1.57
AUD/JPY	EUR/USD	2.87	3.52	3.44	2.39	2.47	2.16	2.13	2.42	2.38
EUR/JPY	EUR/USD	5.02	4.89	3.31	1.57	1.94	2.09	3.12	2.99	2.67
NZD/JPY	EUR/USD	3.47	4.19	4.00	2.46	2.64	2.20	2.06	1.59	1.23
GBP/JPY	EUR/JPY	1.67	1.16	1.83	3.54	4.21	4.05	3.00	1.85	1.65
GBP/USD	EUR/USD	2.04	2.00	2.62	3.72	3.94	3.74	2.46	1.68	1.65
NZD/JPY	CHF/JPY	1.93	1.76	1.55	1.93	1.57	1.59	2.54	3.13	2.31
EUR/JPY	NZD/USD	4.91	4.13	2.18	1.76	2.03	2.28	3.69	3.86	3.58
GBP/JPY	NZD/JPY	3.43	2.52	2.53	3.79	4.65	3.71	3.70	3.61	3.34
AUD/JPY	NZD/JPY	2.08	1.85	1.19	1.00	1.09	1.25	1.68	2.02	2.00
NZD/USD	AUD/USD	0.98	1.02	0.86	0.57	0.60	0.76	0.74	1.30	1.49
EUR/USD	EUR/USD	1.74	2.20	2.52	1.92	1.96	1.58	1.52	1.41	1.28
NZD/JPY	NZD/USD	2.55	2.51	1.71	0.80	1.06	1.13	1.56	1.48	1.31

通貨ペア		2004年8月	2004年9月	2004年10月	2004年11月	2004年12月	2005年1月	2005年2月	2005年3月	2005年4月
買い	売り									
AUD/JPY	EUR/JPY	2.02	0.88	0.77	0.96	1.67	1.76	2.13	1.72	1.13
GBP/JPY	AUD/JPY	3.11	2.15	2.76	3.77	3.06	3.04	3.02	2.03	2.12
AUD/JPY	AUD/USD	1.06	0.77	0.89	1.70	1.94	1.83	0.94	0.94	1.10
AUD/USD	EUR/USD	1.75	0.81	0.85	1.06	2.29	2.15	2.18	1.88	1.15
EUR/JPY	CHF/JPY	0.89	0.99	0.91	0.74	0.96	0.93	0.94	0.76	0.61
GBP/JPY	CHF/JPY	1.78	2.19	2.74	3.61	2.54	2.38	2.47	2.15	1.83
AUD/JPY	EUR/GBP	1.45	2.04	2.20	2.02	1.17	1.40	2.16	2.51	1.49
EUR/GBP	EUR/GBP	1.88	1.85	1.98	2.18	1.83	2.16	2.28	2.26	1.92
EUR/GBP	EUR/USD	1.85	1.62	1.71	1.84	3.65	3.05	1.94	1.59	1.38
NZD/JPY	EUR/GBP	1.74	1.41	1.47	2.03	1.60	1.80	2.07	2.47	1.74
AUD/JPY	EUR/USD	2.16	1.32	1.56	2.56	3.94	3.59	2.69	2.50	1.89
EUR/JPY	EUR/USD	1.84	1.30	1.52	2.96	3.35	3.12	1.57	1.54	1.83
NZD/JPY	EUR/USD	1.42	1.55	1.67	3.13	4.31	3.75	2.15	2.26	1.82
GBP/JPY	EUR/JPY	1.62	2.21	2.92	3.39	2.11	1.82	1.86	1.72	1.60
GBP/USD	EUR/USD	1.59	1.96	2.44	2.12	1.60	1.58	1.58	1.26	1.08
NZD/JPY	CHF/JPY	1.74	1.76	1.42	1.11	1.19	1.27	1.60	1.43	0.70
EUR/JPY	NZD/USD	2.42	1.66	1.28	1.77	1.55	2.05	1.96	1.66	1.50
GBP/JPY	NZD/JPY	2.67	3.23	3.60	3.65	2.34	2.52	2.53	1.92	1.81
AUD/JPY	NZD/USD	2.11	1.53	1.34	1.40	1.57	1.68	1.42	1.21	1.16
NZD/USD	AUD/USD	1.55	1.24	1.05	1.14	1.12	0.96	0.80	0.60	0.66
EUR/USD	EUR/USD	1.20	1.21	1.02	1.65	2.59	2.26	1.71	1.69	1.02
NZD/JPY	NZD/USD	0.90	0.69	0.83	1.59	1.83	1.72	0.85	0.87	1.02

資料

通貨ペア

買い	売り	2005年5月	2005年6月	2005年7月	2005年8月	2005年9月	2005年10月	2005年11月	2005年12月	2006年1月
AUD/JPY	EUR/JPY	1.35	2.99	2.27	1.65	1.37	1.03	1.05	1.05	0.82
GBP/JPY	AUD/JPY	1.94	2.64	2.40	1.68	2.12	2.27	1.93	2.19	1.58
AUD/JPY	AUD/USD	1.04	1.03	1.81	1.25	0.88	1.51	2.25	1.88	1.38
AUD/USD	EUR/USD	1.52	3.08	2.83	1.65	1.28	1.21	1.25	0.86	1.09
EUR/JPY	CHF/JPY	0.79	1.24	0.93	1.06	0.75	0.51	0.58	0.57	0.55
GBP/JPY	CHF/JPY	1.62	1.69	1.54	1.41	1.69	1.80	1.55	1.90	1.69
AUD/JPY	EUR/GBP	1.22	2.23	2.25	1.91	1.71	1.61	1.43	1.83	1.90
EUR/JPY	EUR/GBP	1.65	1.94	1.21	1.04	1.47	1.83	1.77	2.17	1.70
EUR/GBP	EUR/USD	2.15	2.44	3.55	2.27	2.30	1.99	2.42	1.62	1.46
NZD/JPY	EUR/GBP	1.30	1.81	2.18	2.19	2.12	2.21	2.02	2.53	2.50
AUD/JPY	EUR/USD	2.26	3.79	4.41	2.44	1.75	2.47	3.28	2.47	2.34
EUR/JPY	EUR/USD	1.73	1.58	2.79	1.98	1.41	2.37	3.58	2.97	2.10
NZD/JPY	EUR/USD	2.35	3.39	3.28	1.67	1.35	2.71	3.90	3.31	3.07
GBP/JPY	EUR/JPY	1.49	1.55	2.08	2.08	2.10	1.82	1.41	1.69	1.65
GBP/USD	EUR/USD	1.43	1.42	2.64	2.43	2.31	1.71	1.60	1.29	1.18
NZD/JPY	CHF/JPY	0.98	1.61	1.10	0.98	0.88	0.85	0.99	1.04	1.41
EUR/JPY	NZD/USD	1.92	2.63	2.36	2.63	1.98	1.48	2.03	1.80	1.40
GBP/JPY	NZD/JPY	2.18	2.61	1.48	1.13	1.61	1.59	1.47	1.67	1.67
AUD/JPY	NZD/USD	1.21	1.48	2.86	2.14	1.42	1.40	1.60	1.12	1.00
NZD/USD	AUD/USD	0.49	0.58	1.12	0.96	0.66	0.89	0.93	0.99	0.82
NZD/USD	EUR/USD	1.75	2.82	2.08	1.41	1.18	1.39	1.78	1.52	1.82
NZD/JPY	NZD/USD	0.97	0.94	1.57	1.06	0.75	1.44	2.19	1.88	1.39

173

通貨ペア

買い	売り	2006年2月	2006年3月	2006年4月	2006年5月
AUD/JPY	EUR/JPY	0.83	1.72	2.09	2.11
GBP/JPY	AUD/JPY	1.55	1.61	1.80	2.39
AUD/JPY	AUD/USD	1.26	1.25	0.94	1.84
AUD/USD	EUR/USD	1.09	1.64	1.76	2.49
EUR/JPY	CHF/JPY	0.69	0.81	1.13	0.85
GBP/JPY	CHF/JPY	1.73	1.68	1.33	1.26
AUD/JPY	EUR/GBP	1.91	2.56	1.92	1.95
EUR/JPY	EUR/GBP	1.73	1.73	1.43	1.49
EUR/GBP	EUR/USD	1.35	1.20	1.35	3.69
NZD/JPY	EUR/GBP	2.66	4.29	4.04	4.08
AUD/JPY	EUR/USD	2.21	2.57	2.16	4.09
EUR/JPY	EUR/USD	1.88	1.86	1.56	2.87
NZD/JPY	EUR/USD	3.11	4.27	4.32	6.59
GBP/JPY	EUR/JPY	1.63	1.65	1.13	1.47
GBP/USD	EUR/USD	1.12	1.12	1.00	2.25
NZD/JPY	CHF/JPY	1.58	2.99	3.47	4.07
EUR/JPY	NZD/USD	1.59	3.17	4.26	3.39
GBP/JPY	NZD/JPY	1.98	3.00	4.10	4.70
AUD/JPY	NZD/USD	1.17	1.79	2.45	1.67
NZD/USD	AUD/USD	1.11	1.83	2.26	2.61
NZD/USD	EUR/USD	2.01	3.28	3.79	4.91
NZD/JPY	NZD/USD	1.28	1.32	1.14	1.96

逆位相関通貨ペア　月別スプレッド推移表

通貨ペア

通貨ペア		1999年1月	1999年2月	1999年3月	1999年4月	1999年5月	1999年6月	1999年7月	1999年8月
買い	買い								
USD/CAD	AUD/USD	213.80	212.84	214.24	211.97	212.62	213.37	215.76	213.28
USD/CAD	GBP/USD	315.40	311.03	312.33	306.66	307.99	304.78	312.55	310.25
USD/CHF	AUD/USD	204.40	207.07	210.98	218.88	217.76	221.52	214.38	214.99
USD/CHF	CHF/JPY	223.44	226.78	227.84	230.87	232.18	233.19	225.97	223.51
USD/CHF	EUR/JPY	273.40	275.37	275.53	278.74	279.44	279.88	271.70	266.93
USD/CHF	EUR/USD	255.21	254.89	255.61	258.25	257.20	258.38	256.14	257.04
USD/CHF	GBP/USD	306.00	305.26	309.07	313.57	313.13	312.93	311.17	311.96
USD/CHF	NZD/USD	195.32	197.47	201.10	208.62	206.24	208.35	202.30	202.86
USD/CHF	EUR/GBP	279.71	282.11	281.39	283.89	283.04	286.15	281.24	282.88
USD/CAD	EUR/USD	264.61	260.66	258.87	251.34	252.06	250.23	257.52	255.33

通貨ペア

通貨ペア		1999年9月	1999年10月	1999年11月	1999年12月	2000年1月	2000年2月	2000年3月	2000年4月
買い	買い								
USD/CAD	AUD/USD	212.32	210.98	210.93	209.94	209.00	206.68	205.86	206.13
USD/CAD	GBP/USD	311.65	311.60	306.82	305.81	307.05	304.65	304.86	304.27
USD/CHF	AUD/USD	215.68	216.23	222.62	225.00	228.73	227.77	226.69	231.48
USD/CHF	CHF/JPY	221.43	220.90	223.04	223.38	229.97	232.58	229.51	234.56
USD/CHF	EUR/JPY	264.11	262.25	261.65	262.03	269.53	272.69	266.90	269.76
USD/CHF	EUR/USD	256.81	257.72	259.79	259.92	262.39	262.91	262.05	263.79
USD/CHF	GBP/USD	315.01	316.85	318.51	320.87	326.78	325.74	325.69	329.62
USD/CHF	NZD/USD	202.12	203.26	210.03	211.55	214.42	214.88	215.82	221.68
USD/CHF	EUR/GBP	279.67	280.55	285.36	283.84	285.35	287.54	286.46	288.90
USD/CAD	EUR/USD	253.45	252.47	248.10	244.86	242.66	241.82	241.22	238.44

通貨ペア

買い	買い	2000年5月	2000年6月	2000年7月	2000年8月	2000年9月	2000年10月	2000年11月	2000年12月
USD/CAD	AUD/USD	207.60	208.37	205.80	204.93	204.58	204.47	206.83	205.46
USD/CAD	GBP/USD	299.90	299.52	297.88	293.09	297.60	297.27	295.62	298.55
USD/CHF	AUD/USD	225.76	222.90	225.28	230.37	227.53	231.92	227.81	219.15
USD/CHF	CHF/JPY	232.12	227.39	232.72	234.42	235.78	240.93	238.86	233.76
USD/CHF	EUR/JPY	268.52	263.32	268.45	268.02	268.50	272.33	271.22	270.43
USD/CHF	EUR/USD	261.75	258.40	259.78	262.35	261.24	264.82	261.65	256.75
USD/CHF	GBP/USD	318.06	314.05	317.36	318.53	320.55	324.72	316.60	312.24
USD/CHF	NZD/USD	214.30	209.79	212.75	215.98	213.99	220.03	215.98	207.66
USD/CHF	EUR/GBP	293.17	289.22	290.60	295.77	292.75	297.49	297.64	289.00
USD/CAD	EUR/USD	243.59	243.87	240.30	236.91	238.29	237.37	240.67	243.06

通貨ペア

買い	買い	2001年1月	2001年2月	2001年3月	2001年4月	2001年5月	2001年6月	2001年7月	2001年8月
USD/CAD	AUD/USD	204.86	205.40	206.17	205.13	205.63	202.80	203.42	207.66
USD/CAD	GBP/USD	296.76	297.25	299.84	298.21	296.32	293.10	295.39	299.51
USD/CHF	AUD/USD	218.98	219.46	222.73	223.41	229.14	230.72	223.24	218.62
USD/CHF	CHF/JPY	235.18	237.13	246.42	244.51	245.52	249.37	245.20	237.67
USD/CHF	EUR/JPY	272.59	275.14	284.58	283.19	280.95	285.41	282.14	274.89
USD/CHF	EUR/USD	257.38	259.18	261.92	261.65	263.51	264.53	260.09	257.03
USD/CHF	GBP/USD	310.88	311.31	316.40	316.49	319.83	321.02	315.21	310.47
USD/CHF	NZD/USD	208.45	209.92	214.46	213.65	219.54	220.74	213.92	209.57
USD/CHF	EUR/GBP	291.37	294.68	297.58	296.35	298.51	299.94	295.34	291.75
USD/CAD	EUR/USD	243.26	245.12	245.36	243.37	240.00	236.61	240.27	246.07

資料

通貨ペア

買い	買い	2001年9月	2001年10月	2001年11月	2001年12月	2002年1月	2002年2月	2002年3月	2002年4月
USD/CAD	AUD/USD	206.76	208.24	209.93	210.33	209.41	212.43	212.91	210.62
USD/CAD	GBP/USD	304.40	301.92	300.79	304.29	300.26	302.94	302.14	302.62
USD/CHF	AUD/USD	210.06	212.93	217.38	218.55	221.66	222.11	221.53	215.80
USD/CHF	CHF/JPY	235.52	237.56	240.37	245.95	248.74	249.32	247.13	240.96
USD/CHF	EUR/JPY	271.19	272.81	275.49	283.55	285.50	286.81	283.93	277.60
USD/CHF	EUR/USD	253.05	252.93	254.33	255.83	257.14	257.10	255.35	252.27
USD/CHF	GBP/USD	307.70	306.61	308.24	312.51	312.51	312.62	310.76	307.80
USD/CHF	NZD/USD	201.40	203.82	206.79	209.04	212.64	212.52	212.25	206.68
USD/CHF	EUR/GBP	286.64	288.00	290.00	289.34	292.75	292.40	290.46	285.78
USD/CAD	EUR/USD	249.75	248.24	246.88	247.61	244.89	247.42	246.73	247.09

通貨ペア

買い	買い	2002年5月	2002年6月	2002年7月	2002年8月	2002年9月	2002年10月	2002年11月	2002年12月
USD/CAD	AUD/USD	209.81	207.58	211.83	211.16	212.19	211.77	213.30	214.28
USD/CAD	GBP/USD	299.93	303.99	314.80	310.82	313.85	312.27	312.46	318.28
USD/CHF	AUD/USD	212.66	205.23	202.52	204.62	203.66	204.07	204.45	195.61
USD/CHF	CHF/JPY	235.33	229.23	229.27	228.49	231.50	231.36	230.74	224.35
USD/CHF	EUR/JPY	271.94	267.12	266.37	265.77	269.74	269.72	269.91	263.13
USD/CHF	EUR/USD	249.92	247.65	246.51	247.88	247.44	247.20	247.85	243.80
USD/CHF	GBP/USD	302.78	301.64	305.49	304.28	305.32	304.57	303.61	299.61
USD/CHF	NZD/USD	203.79	197.86	194.92	196.29	196.38	197.02	197.92	191.61
USD/CHF	EUR/GBP	284.12	278.13	273.18	276.57	275.10	275.12	276.57	269.67
USD/CAD	EUR/USD	247.07	250.00	255.82	254.42	255.97	254.90	256.70	262.47

177

買い	買い	2003年1月	2003年2月	2003年3月	2003年4月	2003年5月	2003年6月	2003年7月	2003年8月
USD/CAD	AUD/USD	211.62	210.05	207.20	206.17	202.21	201.49	205.16	203.31
USD/CAD	GBP/USD	317.81	307.52	304.51	303.39	302.29	299.56	301.74	296.29
USD/CHF	AUD/USD	194.81	196.27	196.73	198.26	193.72	201.73	201.53	204.72
USD/CHF	CHF/JPY	223.80	221.90	224.08	223.81	220.54	223.61	224.55	223.35
USD/CHF	EUR/JPY	264.82	261.77	265.88	268.70	269.11	271.79	272.95	268.15
USD/CHF	EUR/USD	243.92	243.37	244.67	247.11	247.42	249.32	249.93	249.81
USD/CHF	GBP/USD	301.00	293.74	294.04	295.48	293.80	299.80	298.11	297.70
USD/CHF	NZD/USD	190.61	192.10	191.78	191.94	186.28	193.16	194.64	197.80
USD/CHF	EUR/GBP	266.85	271.87	273.77	275.32	272.41	273.70	276.80	279.26
USD/CAD	EUR/USD	260.73	257.15	255.14	255.02	255.91	249.08	253.56	248.40

買い	買い	2003年9月	2003年10月	2003年11月	2003年12月	2004年1月	2004年2月	2004年3月	2004年4月
USD/CAD	AUD/USD	202.98	201.72	202.83	205.41	209.21	211.36	205.99	208.80
USD/CAD	GBP/USD	301.79	301.04	301.62	308.42	314.71	320.38	313.33	314.39
USD/CHF	AUD/USD	200.12	203.31	201.71	199.21	202.05	203.89	203.47	203.43
USD/CHF	CHF/JPY	215.97	214.22	213.71	210.51	210.13	213.25	210.59	214.13
USD/CHF	EUR/JPY	260.98	259.12	259.56	258.46	257.42	263.11	256.74	260.39
USD/CHF	EUR/USD	248.53	249.48	248.68	249.80	250.04	251.12	249.85	249.12
USD/CHF	GBP/USD	298.93	302.63	300.50	302.22	307.55	312.91	310.81	309.02
USD/CHF	NZD/USD	191.40	193.86	193.47	189.89	193.06	195.49	193.83	192.96
USD/CHF	EUR/GBP	271.78	270.06	268.81	265.76	262.70	260.38	261.38	262.96
USD/CAD	EUR/USD	251.39	247.89	249.80	256.00	257.20	258.59	252.37	254.49

資料

通貨ペア		2004年5月	2004年6月	2004年7月	2004年8月	2004年9月	2004年10月	2004年11月	2004年12月
買い	買い								
USD/CAD	AUD/USD	207.58	203.53	202.40	201.70	198.72	196.59	196.43	198.62
USD/CAD	GBP/USD	319.68	315.11	314.13	311.34	307.05	305.54	307.76	313.05
USD/CHF	AUD/USD	196.35	195.72	197.95	197.87	197.61	194.35	191.96	190.75
USD/CHF	CHF/JPY	213.19	212.13	215.55	213.81	214.03	208.03	204.51	204.98
USD/CHF	EUR/JPY	259.89	257.42	262.99	260.37	262.75	254.81	251.04	254.70
USD/CHF	EUR/USD	247.34	247.45	248.48	248.49	249.25	247.41	246.90	249.45
USD/CHF	GBP/USD	308.45	307.30	309.68	307.51	305.94	303.30	303.29	305.18
USD/CHF	NZD/USD	188.01	189.72	191.37	192.91	192.91	187.90	185.62	184.72
USD/CHF	EUR/GBP	258.35	260.40	260.65	262.21	262.95	258.70	254.60	255.27
USD/CAD	EUR/USD	258.57	255.26	252.93	252.32	250.36	249.65	251.37	257.32

通貨ペア		2005年1月	2005年2月	2005年3月	2005年4月	2005年5月	2005年6月	2005年7月	2005年8月
買い	買い								
USD/CAD	AUD/USD	201.73	202.51	198.91	203.85	201.75	198.64	198.65	193.93
USD/CAD	GBP/USD	313.11	315.75	309.95	316.67	307.99	302.89	298.54	297.58
USD/CHF	AUD/USD	196.06	195.16	196.78	197.29	199.99	204.22	204.68	201.77
USD/CHF	CHF/JPY	205.68	206.91	209.36	207.15	211.00	214.07	216.00	214.84
USD/CHF	EUR/JPY	253.22	255.47	258.69	254.48	258.48	261.14	264.92	263.11
USD/CHF	EUR/USD	248.93	248.45	249.12	248.20	248.60	248.82	249.98	249.06
USD/CHF	GBP/USD	307.44	308.40	307.82	310.11	306.23	308.47	304.57	305.42
USD/CHF	NZD/USD	189.83	188.73	190.48	192.34	195.11	197.84	197.08	195.89
USD/CHF	EUR/GBP	256.62	254.02	257.17	254.27	260.66	261.84	266.67	263.90
USD/CAD	EUR/USD	254.60	255.80	251.25	254.76	250.36	243.24	243.95	241.22

買い	通貨ペア	2005年9月	2005年10月	2005年11月	2005年12月	2006年1月	2006年2月	2006年3月	2006年4月
USD/CAD	AUD/USD	193.08	192.74	190.69	189.60	189.56	187.86	188.50	187.61
USD/CAD	GBP/USD	293.29	295.10	288.59	288.87	291.38	287.95	290.58	294.29
USD/CHF	AUD/USD	205.59	203.06	205.30	204.59	203.66	206.10	202.05	199.78
USD/CHF	CHF/JPY	216.90	218.41	222.57	221.14	220.19	220.22	220.72	215.71
USD/CHF	EUR/JPY	265.58	267.63	272.40	271.10	271.00	270.06	273.13	267.61
USD/CHF	EUR/USD	249.83	248.71	249.18	249.88	249.57	250.76	251.59	250.19
USD/CHF	GBP/USD	305.80	305.42	303.20	303.86	305.48	306.19	304.13	306.46
USD/CHF	NZD/USD	198.72	198.44	201.60	199.77	196.95	198.37	191.99	187.70
USD/CHF	EUR/GBP	266.09	264.14	268.61	268.80	265.49	268.56	269.89	262.25
USD/CAD	EUR/USD	237.32	238.39	234.57	234.89	235.47	232.52	238.04	238.02

買い	通貨ペア	2006年5月
USD/CAD	AUD/USD	185.40
USD/CAD	GBP/USD	297.19
USD/CHF	AUD/USD	197.13
USD/CHF	CHF/JPY	214.32
USD/CHF	EUR/JPY	266.22
USD/CHF	EUR/USD	250.02
USD/CHF	GBP/USD	308.92
USD/CHF	NZD/USD	185.34
USD/CHF	EUR/GBP	258.93
USD/CAD	EUR/USD	238.29

資料

逆位相関通貨ペア　月別標準偏差推移表

通貨ペア

買い	買い	2001年1月	2001年2月	2001年3月	2001年4月	2001年5月	2001年6月	2001年7月	2001年8月
USD/CAD	AUD/USD	1.38	1.00	0.87	0.68	0.71	1.00	1.28	1.39
USD/CAD	GBP/USD	1.45	1.28	1.65	1.33	1.64	2.94	2.81	2.23
USD/CHF	AUD/USD	5.23	5.11	3.21	1.90	3.52	4.68	3.84	4.11
USD/CHF	CHF/JPY	2.54	2.49	3.18	4.10	3.73	3.02	2.02	3.12
USD/CHF	EUR/JPY	1.96	2.12	3.97	4.38	3.76	2.45	1.66	2.75
USD/CHF	EUR/USD	2.98	2.87	1.80	1.76	1.75	1.83	1.62	2.36
USD/CHF	GBP/USD	4.83	4.41	2.19	1.87	2.55	2.70	2.32	3.41
USD/CHF	NZD/USD	4.76	4.59	3.04	2.46	3.40	4.15	3.44	3.73
USD/CHF	EUR/GBP	3.52	3.54	2.92	2.88	2.21	2.41	1.95	2.57
USD/CAD	EUR/USD	3.04	2.45	2.11	1.38	2.07	3.47	3.24	2.87

通貨ペア

買い	買い	2001年9月	2001年10月	2001年11月	2001年12月	2002年1月	2002年2月	2002年3月	2002年4月
USD/CAD	AUD/USD	1.62	1.76	2.13	1.67	1.99	1.38	1.18	0.92
USD/CAD	GBP/USD	3.63	3.86	2.94	1.93	1.72	1.67	1.48	1.30
USD/CHF	AUD/USD	6.79	6.55	4.26	3.40	2.97	2.38	2.09	1.75
USD/CHF	CHF/JPY	4.86	4.79	2.95	2.92	4.06	3.93	2.99	1.95
USD/CHF	EUR/JPY	4.99	5.15	3.51	3.53	5.18	5.13	3.82	2.23
USD/CHF	EUR/USD	3.85	3.81	2.60	1.88	1.19	1.30	1.23	1.27
USD/CHF	GBP/USD	4.69	4.36	2.71	2.24	1.73	1.91	1.86	1.51
USD/CHF	NZD/USD	6.19	6.00	4.03	3.19	2.75	2.48	2.30	1.71
USD/CHF	EUR/GBP	4.51	4.55	3.17	2.25	1.78	1.70	1.46	1.71
USD/CAD	EUR/USD	4.16	4.17	2.58	1.28	1.12	1.19	1.16	1.16

181

通貨ペア		2002年5月	2002年6月	2002年7月	2002年8月	1999年5月	1999年6月	1999年7月	1999年8月
買い	買い								
USD/CAD	AUD/USD	0.97	1.07	1.29	1.10	1.09	1.08	1.02	1.10
USD/CAD	GBP/USD	1.08	1.30	4.03	5.09	2.99	3.05	2.65	2.32
USD/CHF	AUD/USD	3.06	4.11	6.35	5.57	4.70	4.22	3.70	2.79
USD/CHF	CHF/JPY	4.01	5.19	6.84	5.28	3.41	2.03	2.16	3.09
USD/CHF	EUR/JPY	4.44	5.12	6.69	5.17	3.43	1.96	2.28	4.10
USD/CHF	EUR/USD	2.46	2.64	2.92	2.12	1.08	1.00	1.04	0.87
USD/CHF	GBP/USD	2.87	3.52	3.19	1.97	2.96	2.44	1.69	1.17
USD/CHF	NZD/USD	2.86	3.61	5.59	4.96	4.24	3.41	2.64	2.24
USD/CHF	EUR/GBP	3.11	3.51	5.27	4.62	1.41	1.42	2.14	2.03
USD/CAD	EUR/USD	0.69	1.11	3.08	3.80	4.47	4.13	3.11	2.53

通貨ペア		1999年9月	1999年10月	1999年11月	1999年12月	2000年1月	2000年2月	2000年3月	2000年4月
買い	買い								
USD/CAD	AUD/USD	1.11	1.07	1.54	1.10	1.18	1.57	2.02	1.94
USD/CAD	GBP/USD	2.58	3.30	2.14	2.28	2.32	2.35	2.37	2.12
USD/CHF	AUD/USD	2.84	3.36	2.52	3.38	4.28	3.71	2.58	2.16
USD/CHF	CHF/JPY	4.44	5.06	2.60	1.73	2.19	3.43	3.43	2.86
USD/CHF	EUR/JPY	6.27	7.01	4.26	2.34	1.86	3.57	3.64	2.91
USD/CHF	EUR/USD	0.89	1.19	1.16	1.41	1.77	1.55	1.52	1.35
USD/CHF	GBP/USD	1.95	2.11	2.72	2.67	3.35	3.07	2.47	2.07
USD/CHF	NZD/USD	2.42	3.32	2.80	3.53	4.14	3.35	2.86	2.85
USD/CHF	EUR/GBP	2.18	3.27	2.37	2.44	2.40	2.18	2.50	2.39
USD/CAD	EUR/USD	2.60	2.61	2.68	2.86	3.45	3.37	2.86	2.47

資料

通貨ペア		2000年5月	2000年6月	2000年7月	2000年8月	2000年9月	2000年10月	2000年11月	2000年12月
買い	買い								
USD/CAD	AUD/USD	0.96	0.86	0.91	0.91	1.55	1.61	1.46	1.64
USD/CAD	GBP/USD	2.48	2.91	2.98	2.05	3.26	3.08	2.83	2.95
USD/CHF	AUD/USD	2.25	2.64	2.88	3.20	3.52	3.34	2.06	3.70
USD/CHF	CHF/JPY	2.37	2.63	2.70	2.79	3.20	3.39	2.40	2.26
USD/CHF	EUR/JPY	2.12	2.49	2.29	2.34	2.11	1.89	1.53	1.52
USD/CHF	EUR/USD	1.07	1.65	1.65	1.74	1.86	1.89	1.32	2.27
USD/CHF	GBP/USD	2.44	4.37	4.74	3.94	2.52	3.01	2.18	3.36
USD/CHF	NZD/USD	2.87	3.16	3.70	3.65	3.12	3.27	2.21	3.37
USD/CHF	EUR/GBP	2.90	2.73	2.69	2.11	3.32	3.24	2.74	3.02
USD/CAD	EUR/USD	1.84	1.59	1.58	1.94	3.05	2.77	2.08	2.92

通貨ペア		2001年1月	2001年2月	2001年3月	2001年4月	2001年5月	2001年6月	2001年7月	2001年8月
買い	買い								
USD/CAD	AUD/USD	1.38	1.00	0.87	0.68	0.71	1.00	1.28	1.39
USD/CAD	GBP/USD	1.45	1.28	1.65	1.33	1.64	2.94	2.81	2.23
USD/CHF	AUD/USD	5.23	5.11	3.21	1.90	3.52	4.68	3.84	4.11
USD/CHF	CHF/JPY	2.54	2.49	3.18	4.10	3.73	3.02	2.02	3.12
USD/CHF	EUR/JPY	1.96	2.12	3.97	4.38	3.76	2.45	1.66	2.75
USD/CHF	EUR/USD	2.98	2.87	1.80	1.76	1.75	1.83	1.62	2.36
USD/CHF	GBP/USD	4.83	4.41	2.19	1.87	2.55	2.70	2.32	3.41
USD/CHF	NZD/USD	4.76	4.59	3.04	2.46	3.40	4.15	3.44	3.73
USD/CHF	EUR/GBP	3.52	3.54	2.92	2.88	2.21	2.41	1.95	2.57
USD/CAD	EUR/USD	3.04	2.45	2.11	1.38	2.07	3.47	3.24	2.87

通貨ペア		2001年9月	2001年10月	2001年11月	2001年12月	2002年1月	2002年2月	2002年3月	2002年4月
買い	買い								
USD/CAD	AUD/USD	1.62	1.76	2.13	1.67	1.99	1.38	1.18	0.92
USD/CAD	GBP/USD	3.63	3.86	2.94	1.93	1.72	1.67	1.48	1.30
USD/CHF	AUD/USD	6.79	6.55	4.26	3.40	2.97	2.38	2.09	1.75
USD/CHF	CHF/JPY	4.86	4.79	2.95	2.92	4.06	3.93	2.99	1.95
USD/CHF	EUR/JPY	4.99	5.15	3.51	3.53	5.18	5.13	3.82	2.23
USD/CHF	EUR/USD	3.85	3.81	2.60	1.88	1.19	1.30	1.23	1.27
USD/CHF	GBP/USD	4.69	4.36	2.71	2.24	1.73	1.91	1.86	1.51
USD/CHF	NZD/USD	6.19	6.00	4.03	3.19	2.75	2.48	2.30	1.71
USD/CHF	EUR/GBP	4.51	4.55	3.17	2.25	1.78	1.70	1.46	1.71
USD/CAD	EUR/USD	4.16	4.17	2.58	1.28	1.12	1.19	1.16	1.16

通貨ペア		2002年5月	2002年6月	2002年7月	2002年8月	2002年9月	2002年10月	2002年11月	2002年12月
買い	買い								
USD/CAD	AUD/USD	0.97	1.07	1.29	1.10	1.41	1.69	1.28	1.25
USD/CAD	GBP/USD	1.08	1.30	4.03	5.09	5.43	3.59	2.31	2.36
USD/CHF	AUD/USD	3.06	4.11	6.35	5.57	4.33	2.00	1.75	2.13
USD/CHF	CHF/JPY	4.01	5.19	6.84	5.28	3.48	2.26	2.06	2.03
USD/CHF	EUR/JPY	4.44	5.12	6.69	5.17	3.63	2.91	2.73	2.48
USD/CHF	EUR/USD	2.46	2.64	2.92	2.12	1.51	0.84	0.89	0.98
USD/CHF	GBP/USD	2.87	3.52	3.19	1.97	1.25	1.36	1.07	1.28
USD/CHF	NZD/USD	2.86	3.61	5.59	4.96	4.01	1.93	1.72	1.67
USD/CHF	EUR/GBP	3.11	3.51	5.27	4.62	4.01	1.99	1.84	2.03
USD/CAD	EUR/USD	0.69	1.11	3.08	3.80	3.59	2.29	1.60	1.87

資料

通貨ペア		2003年1月	2003年2月	2003年3月	2003年4月	2003年5月	2003年6月	2003年7月	2003年8月
買い	買い								
USD/CAD	AUD/USD	0.94	1.22	1.94	2.54	3.66	3.68	2.60	1.84
USD/CAD	GBP/USD	1.83	2.40	3.84	5.10	6.41	5.44	2.42	1.59
USD/CHF	AUD/USD	3.49	3.89	3.60	3.09	1.55	1.83	2.68	3.17
USD/CHF	CHF/JPY	3.19	3.63	3.36	2.97	2.04	1.92	1.77	1.77
USD/CHF	EUR/JPY	2.92	3.12	2.90	2.79	2.00	2.56	2.91	1.98
USD/CHF	EUR/USD	1.54	1.65	1.56	1.52	1.40	1.89	2.08	1.41
USD/CHF	GBP/USD	2.31	3.18	3.84	3.77	2.95	2.68	2.66	2.56
USD/CHF	NZD/USD	2.48	2.83	2.78	2.51	1.94	2.04	2.60	3.35
USD/CHF	EUR/GBP	2.72	2.90	2.64	2.88	2.70	2.49	2.10	2.41
USD/CAD	EUR/USD	2.13	2.06	2.14	2.40	2.90	2.94	2.15	1.95

通貨ペア		2003年9月	2003年10月	2003年11月	2003年12月	2004年1月	2004年2月	2004年3月	2004年4月
買い	買い								
USD/CAD	AUD/USD	1.50	1.62	1.49	1.64	2.09	3.26	2.84	2.32
USD/CAD	GBP/USD	1.81	1.79	1.70	3.37	5.51	7.58	7.23	5.37
USD/CHF	AUD/USD	3.51	2.58	2.12	2.36	2.36	2.14	2.16	1.67
USD/CHF	CHF/JPY	1.85	3.50	4.22	4.82	4.33	2.57	2.39	1.92
USD/CHF	EUR/JPY	2.39	4.35	4.96	4.96	3.43	1.52	2.25	2.31
USD/CHF	EUR/USD	1.31	0.72	0.76	0.78	0.76	0.84	0.84	0.76
USD/CHF	GBP/USD	2.65	2.08	2.35	2.18	2.86	4.29	4.39	4.20
USD/CHF	NZD/USD	3.68	2.97	2.24	2.70	2.85	2.28	2.37	1.78
USD/CHF	EUR/GBP	2.70	3.03	3.18	4.29	5.37	5.05	4.62	3.03
USD/CAD	EUR/USD	2.26	2.12	2.12	2.70	3.41	4.28	3.82	2.58

通貨ペア		2004年5月	2004年6月	2004年7月	2004年8月	2004年9月	2004年10月	2004年11月	2004年12月
買い	買い								
USD/CAD	AUD/USD	1.81	1.98	2.09	2.53	2.56	2.49	2.37	1.51
USD/CAD	GBP/USD	3.27	2.53	2.04	2.44	4.16	4.49	3.71	3.80
USD/CHF	AUD/USD	2.15	3.74	3.76	2.67	1.39	1.26	1.57	2.38
USD/CHF	CHF/JPY	2.61	2.33	2.01	1.72	1.21	1.60	3.18	3.68
USD/CHF	EUR/JPY	2.80	2.96	2.82	2.39	1.97	2.08	3.59	3.84
USD/CHF	EUR/USD	1.00	1.73	1.49	1.05	0.92	0.78	0.72	0.79
USD/CHF	GBP/USD	2.83	2.29	1.70	1.30	1.59	2.14	2.39	1.97
USD/CHF	NZD/USD	2.09	2.84	2.49	1.96	1.94	1.68	2.28	2.89
USD/CHF	EUR/GBP	1.92	2.43	2.80	2.65	2.27	2.30	2.42	3.85
USD/CAD	EUR/USD	2.07	2.06	1.85	2.09	2.54	2.23	1.75	2.51

通貨ペア		2005年1月	2005年2月	2005年3月	2005年4月	2005年5月	2005年6月	2005年7月	2005年8月
買い	買い								
USD/CAD	AUD/USD	1.35	2.22	1.68	1.44	1.53	1.31	2.09	2.24
USD/CAD	GBP/USD	3.86	3.54	2.32	2.19	2.53	3.55	6.23	4.29
USD/CHF	AUD/USD	2.09	2.39	1.98	1.24	1.29	2.80	3.08	1.91
USD/CHF	CHF/JPY	2.99	1.34	1.27	1.51	1.66	1.86	3.03	1.93
USD/CHF	EUR/JPY	3.33	1.88	1.69	1.84	1.72	1.67	3.33	2.68
USD/CHF	EUR/USD	0.91	1.00	0.41	0.44	0.42	0.49	0.75	0.76
USD/CHF	GBP/USD	1.91	2.06	1.26	0.86	1.35	1.41	2.08	1.80
USD/CHF	NZD/USD	2.39	2.09	1.81	1.08	1.50	2.51	2.15	1.31
USD/CHF	EUR/GBP	3.14	2.08	1.70	1.61	2.07	2.25	4.08	2.96
USD/CAD	EUR/USD	2.69	2.41	1.64	1.63	1.55	3.45	4.49	2.82

資料

通貨ペア		2005年9月	2005年10月	2005年11月	2005年12月	2006年1月	2006年2月	2006年3月	2006年4月
買い	買い								
USD/CAD	AUD/USD	2.14	2.00	1.38	1.30	1.19	1.13	1.15	1.17
USD/CAD	GBP/USD	3.06	3.07	3.71	2.46	2.15	1.83	1.62	1.59
USD/CHF	AUD/USD	1.56	1.53	1.48	0.88	1.10	1.11	1.29	1.38
USD/CHF	CHF/JPY	1.49	2.08	3.16	2.41	1.90	1.69	1.62	1.48
USD/CHF	EUR/JPY	1.93	2.46	3.63	2.83	2.12	1.96	2.05	2.08
USD/CHF	EUR/USD	0.61	0.51	0.42	0.47	0.47	0.60	0.83	0.85
USD/CHF	GBP/USD	1.79	1.37	1.45	1.18	0.92	0.91	0.80	0.73
USD/CHF	NZD/USD	1.24	1.47	1.88	1.39	1.79	1.86	2.70	3.18
USD/CHF	EUR/GBP	2.86	2.38	2.60	1.76	1.73	1.68	1.75	1.78
USD/CAD	EUR/USD	1.95	2.62	2.43	1.71	1.53	1.33	1.48	1.55

通貨ペア		2006年5月
買い	買い	
USD/CAD	AUD/USD	0.91
USD/CAD	GBP/USD	3.59
USD/CHF	AUD/USD	2.64
USD/CHF	CHF/JPY	3.12
USD/CHF	EUR/JPY	3.31
USD/CHF	EUR/USD	0.75
USD/CHF	GBP/USD	1.73
USD/CHF	NZD/USD	4.98
USD/CHF	EUR/GBP	4.18
USD/CAD	EUR/USD	1.95

187

【著者紹介】
小澤政太郎（おざわ・せいたろう）

株式会社スプレッド代表取締役。大学在学中に公認会計士第二次試験に合格。卒業後、監査法人等を経て独立系ゲームメーカーでIPOを手掛ける。その後、独立。自らトレードをするかたわら小口の個人投資家が負けないためのノウハウを扱う会社「スプレッド」を設立。現在に至る。嫌いな物は、パチンコ・パチスロ、サラ金、社会保険庁。

2006年8月3日　初版第1刷発行
2006年11月2日　第2刷発行
2007年8月2日　第3刷発行
2010年4月1日　第4刷発行

現代の錬金術師シリーズ

為替サヤ取り入門
FXキャリーヘッジトレードでシステム売買

著　者　小澤政太郎（株式会社スプレッド）
発行者　後藤康徳
発行所　パンローリング株式会社
　　　　〒160-0023　東京都新宿区西新宿7-9-18-6F
　　　　TEL 03-5386-7391　FAX 03-5386-7393
　　　　http://www.panrolling.com/
　　　　E-mail info@panrolling.com
装　丁　パンローリング装丁室
印刷・製本　株式会社シナノ
ISBN978-4-7759-9036-0

落丁・乱丁本はお取り替えします。
また、本書の全部、または一部を複写・複製・転訳載、および磁気・光記録媒体に入力することなどは、著作権法上の例外を除き禁じられています。

©SPREAD Co.,Ltd. 2006　Printed in Japan

【免責事項】
本書で紹介している方法や技術、指標が利益を生む、あるいは損失につながることはない、と仮定してはなりません。過去の結果は必ずしも将来の結果を示すものではなく、本書の実例は教育的な目的のみで用いられるものです。売買の注文を勧めるものではありません。

24時間ダイナミックに動くFX市場

ウィザードブックシリーズ 118
FXトレーディング
著者：キャシー・リーエン
DAY TRADING THE CURRENCY MARKET
Technical and Fundamental Strategies To Profit from Market Swings
by Kathy Lien

テクニカルが一番よく効く
外為市場特有の「おいしい」最強の戦略が満載！

定価 本体 3,800円＋税　ISBN:9784775970843

【実用FXガイドの決定版】
1日の出来高が1.9兆ドルを超える世界最大の市場「外国為替」。この市場を舞台とするFXトレーダーならば知っておきたい主要通貨の基本や特徴、市場の構造について詳細かつ具体的に解説。またその知識を踏まえたうえでの実践的なテクニカル手法、ファンダメンタル手法を多数紹介する。

ウィザードブックシリーズ 123
実践FXトレーディング
著者：イゴール・トシュチャコフ
BEAT THE ODDS IN FOREX TRADING
How to Identify and Profit from High-Percentage Market Patterns
by IGOR TOSHCHAKOV (I,AJOROK)

ソロス以来の驚異的なFXサクセスストーリーを築き上げた手法と発想！
予測を排除した高勝率戦略

定価 本体 3,800円＋税　ISBN:9784775970898

【FXの勝率を高める手法とは】
「ジョージ・ソロス以来」といわれる驚異的なFXサクセスストーリーを築き上げた売買手法「イグロックメソッド」を詳しく説明。各国中央銀行による介入を察知・利用するための戦略、短期売買やデイトレード用のテンプレートなど、深い洞察と専門的なアドバイスが満載されている。

魔術師に学ぶFXトレード
プロ化する外国為替市場への普遍的テクニック
著者：中原駿
定価 本体 2,800円＋税　ISBN:9784775990704

タートルズ、ラリー・ウィリアムズ、トム・デマーク――「マーケットの魔術師」たちの売買理論を世界中の洗練されたプレイヤーたちが参加するFX市場で活用する！

FXの小鬼たち
マーケットに打ち勝った12人の「普通」の人たちの全記録
著者：キャシー・リーエン、ボリス・シュロスバーグ
定価 本体 2,800円＋税　ISBN:9784775971154

トレードで成功を収めている12人の個人投資家にベストセラー『FXトレーディング』の著者が訊く！ 険しい道程を経て巨万の富を手にした「本物」による発言は、示唆に富むはずだ。

DVD 中原駿の為替マーケットのテクニックとリスク管理セミナー
講師：中原駿
定価 本体 48,000円＋税　ISBN:9784775962411

世界中のプロと人工知能システムが参加するFX市場。彼らに勝つためには、彼らに「できない」売買法の確立が必要だ。本DVDでは10年先も通用する新しい行動方法と戦略を解説する。

FX市場を創った男たち
外国為替市場の歴史とディーラーたちの足跡
著者：小口幸伸
定価 本体 700円＋税　ISBN:9784775930489

百戦錬磨の日本人トレーダーたちは相場の重大局面で何を見て、どう考え、いかに行動したのか？ 世界最大の市場を舞台に、波乱と困難を乗り越え、成功をつかんだ人々の記録。

売買プログラムで広がるシステムトレードの可能性

FXメタトレーダー入門
最先端システムトレードソフト使いこなし術
著者：豊嶋久道

定価 本体 2,800円＋税　ISBN:9784775990636

【日本初の高性能FXソフト紹介本】
思いつきの売買で恒常的に利益を上げられるほどFXは甘い世界ではない。実際に挑戦する前に、入念な準備が求められる。FX特有の感覚をつかみ、自分のエッジ（優位性）が通用するか検証する必要があるのだ。メタトレーダーは、そうした真剣なトレーダーに最高の機会を提供する夢のソフトである。

コンピュータトレーディング入門
合理的な売買プログラム作成のポイント
著者：高橋謙吾

定価 本体 2,800円＋税　ISBN:9784775990568

【自作システム完成までの筋道】
コンピュータを使ったシステムトレードにどのような優位性があるのか？ 売買アイデアをどのようにルール化し、プログラム化したらよいのか？ 作った売買システムをどのように検証したらよいのか？ 売買プログラムの論理的な組み立て方、システムの優劣の見分け方をやさしく解説する。

ウィザードブックシリーズ 134
新版 魔術師たちの心理学
トレードで生計を立てる秘訣と心構え
著者：バン・K・タープ
定価 本体 2,800円＋税　ISBN:9784775971000

あまりの内容の充実に「秘密を公開しすぎる」との声があがったほど。システムトレードに必要な情報がこの一冊に！ 個性と目標利益に見合った売買システム構築のコツを伝授。

現代の錬金術師シリーズ
ニンジャトレーダー入門
エクセルでシステムトレードの第一歩
著者：兼平勝啓
定価 本体 2,800円＋税　ISBN:9784775990810

「システムトレードのアイデアはある。だが、いちからプログラムが大変…」。そうした方に朗報！ 本ソフトはルールを選ぶだけで、簡単かつ無料で売買システムを構築・検証できるのだ。

ウィザードブックシリーズ 137
株価指数先物必勝システム
ノイズとチャンスを見極め、優位性のあるバイアスを取り込め
著者：アート・コリンズ
定価 本体 5,800円＋税　ISBN:9784775971048

売買システムの検証とは、ランダムな相場のノイズを除去し、有望なバイアスを選別する試み。けっして楽ではないこの挑戦に成功するための勘所と具体的な売買アイデアを提供する。

ウィザードブックシリーズ 113
勝利の売買システム
トレードステーションから学ぶ実践的売買プログラミング
著者：ジョージ・プルート、ジョン・R・ヒル
定価 本体 7,800円＋税　ISBN:9784775970799

世界ナンバーワン売買ソフト「トレードステーション」徹底活用術。このソフトの威力を十二分に活用し、運用成績の向上を計ろうとするトレーダーたちへのまさに「福音書」だ。

洗練されたシステムトレーダーを目指して

ウィザードブックシリーズ 11
売買システム入門
著者：トゥーシャー・シャンデ

定価 本体 7,800円＋税　ISBN: 9784939103315

【システム構築の基本的流れが分かる】
世界的に高名なシステム開発者であるトゥーシャー・シャンデ博士が「現実的」な売買システムを構築するための有効なアプローチを的確に指南。システムの検証方法、資金管理、陥りやすい問題点と対処法を具体的に解説する。基本概念から実際の運用まで網羅したシステム売買の教科書。

ウィザードブックシリーズ 54
究極のトレーディングガイド
著者：ジョン・R・ヒル／ジョージ・プルート／ランディ・ヒル

定価 本体 4,800円＋税　ISBN: 9784775970157

【売買システム分析の大家が一刀両断】
売買システムの成績判定で世界的に有名なフューチャーズトゥルース社のアナリストたちが、エリオット波動、値動きの各種パターン、資金管理といった、曖昧になりがちな理論を目からウロコの適切かつ具体的なルールで表現。安定した売買システム作りのノウハウを大公開する！

ウィザードブックシリーズ 42
トレーディングシステム入門
仕掛ける前が勝負の分かれ目
著者：トーマス・ストリズマン
定価 本体 5,800円＋税　ISBN: 9784775970034

売買タイミングと資金管理の融合を売買システムで実現。システムを発展させるために有効な運用成績の評価ポイントと工夫のコツが惜しみなく著された画期的な書！

ウィザードブックシリーズ 63
マーケットのテクニカル秘録
独自システム構築のために
著者：チャールズ・ルボー＆デビッド・ルーカス
定価 本体 5,800円＋税　ISBN: 9784775970256

ADX、RSI、ストキャスティックス、モメンタム、パラボリック・ストップ・ポイント、MACDなどのテクニカル指標をいかにしてシステムトレードに役立てられるかを解説。

ウィザードブックシリーズ 99
トレーディングシステムの開発と検証と最適化
著者：ロバート・パルド
定価 本体 5,800円＋税　ISBN: 9784775970638

システムトレーダーの永遠の課題のひとつである「最適化」。オーバーフィッティング（過剰にこじつけた最適化）に陥ることなくシステムを適切に改良するための指針を提供する。

ウィザードブックシリーズ 8
トレーディングシステム徹底比較
日本市場の全銘柄の検証結果付き
著者：ラーズ・ケストナー
定価 本体 19,800円＋税　ISBN: 9784939103278

トレード界の重鎮たちが考案した39の戦略を15年の日足データで詳細かつ明確に検証。ソースコードも公開されているため、どのようにプログラムを組んだかの参考にもなる。

サヤ取りは世界三大利殖のひとつ！

現代の錬金術師シリーズ59
株式サヤ取り入門
著者：上野ひでのり

定価 本体2,800円+税　ISBN：9784775990667

【確率論に基づく「上野式」でシンプル投資】
株式サヤ取りの魅力として真っ先に挙げられるのが「市場全体の影響を受けにくい」点。本書では「相関係数」「本ザヤ分析」の利用法を説明し、周期的に大きくサヤを伸縮させる銘柄の確率的、論理的探し方を指南する。リスク管理をルール化した「鉄の掟」と合わせて「着実」なサヤ取りを目指してほしい。

現代の錬金術師シリーズ42
サヤ取り入門【増補版】
著者：羽根英樹

定価 本体2,800円+税　ISBN：9784775990048

【実践者が秘訣を公開しすぎと嘆いた書】
売りと買いを同時に仕掛ける「サヤ取り」。世界三大利殖のひとつ（他にサヤすべり取り・オプションの売り）と言われるほど独特の優位性があり、ヘッジファンドがごく普通に用いている手法だ。本書を読破した読者は、売買を何十回と重ねていくうちに、自分の得意技を身につけているはずだ。

竹本流サヤ取り
激動する商品市場で低リスクのスプレッド取引
著者：竹本淳一
定価 本体2,800円+税　ISBN：9784775990735

「コツコツ学び！」「コツコツ稼ぐ！」――。サヤ取りは、仕事が楽しい人、忙しい人ほど向いている堅実志向のトレード法。実践家が実体験から学んだ理論とコツを惜しげもなく披露する。

為替サヤ取り入門
FXキャリーヘッジトレードでシステム売買
著者：小澤政太郎
定価 本体2,800円+税　ISBN：9784775990360

「FXキャリーヘッジトレード」とは外国為替レートの相関関係を利用して「スワップ金利差」だけでなく「レートのサヤ」も狙っていく「低リスク」の売買法だ!!

マンガ サヤ取り入門の入門
著者：羽根英樹，高橋達央
定価 本体1,800円+税
ISBN：9784775930069
サヤグラフを表示できる「チャートギャラリープロ」試用版CD-ROMつき

個人投資家でも実行可能なサヤ取りのパターンを全くの初心者でも分かるようにマンガでやさしく解説。実践に必要な売買のコツや商品先物の基礎知識を楽しみながら学べる。

実践的ペアトレーディングの理論
著者：ロバート・P・マイルズ
定価 本体5,800円+税　ISBN：9784775970768

変動の激しい株式市場でも安定したパフォーマンスを目指す方法として、多くのヘッジファンドマネジャーが採用している統計的サヤ取り「ペアトレーディング」の奥義を紹介する。

相場のプロたちからも高い評価を受ける矢口新の本!

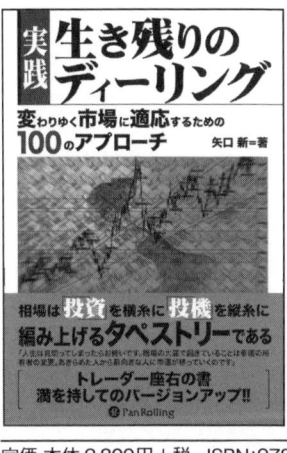

実践 生き残りのディーリング
著者：矢口新
定価 本体 2,800 円＋税　ISBN:9784775990490

【相場とは何かを追求した哲学書】
今回の『実践 生き残りのディーリング』は「株式についても具体的に言及してほしい」という多くの個人投資家たちの声が取り入れられた「最新版」。プロだけでなく、これから投資を始めようという投資家にとっても、自分自身の投資スタンスを見つめるよい機会となるだろう。

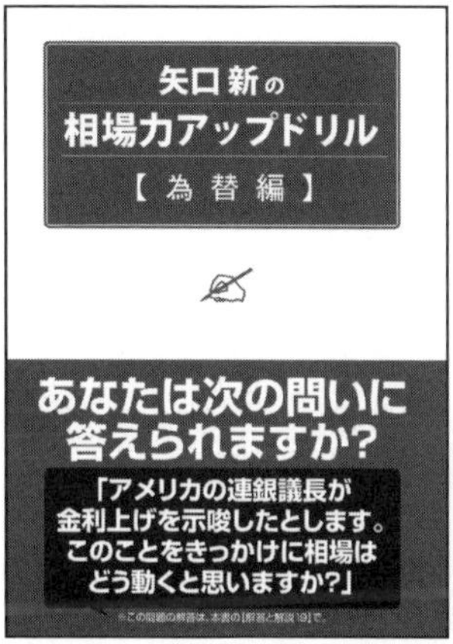

矢口新の相場力アップドリル【為替編】
著者：矢口新
定価 本体 1,500 円＋税　ISBN:9784775990124

相場を動かす2つの要因、実需と仮需について徹底的に解説!!
「アメリカの連銀議長が金利上げを示唆したとします。このことをきっかけに相場はどう動くと思いますか？　さぁ、あなたの答えは？」――この質問に答えられるかで、その人の相場に関する基礎的な理解が分かる。本書を読み込んで相場力をUPさせよう。

矢口新の トレードセンス養成ドリル
著者：矢口新
定価 本体 1,500 円＋税　ISBN:9784775990643

インターネットの本屋さん「マネーのまぐまぐ」に連載中の問題に、本書の核になる「TPAの視点」からという本書ならではの解説を追加編集。「価格変動の本質とは何か」や「価格の動きがもっとも大切なこと」など、さまざまな問題を解きながら、トレードセンスを向上させるための"ドリル"です。

矢口新の 相場力アップドリル[株式編]
著者：矢口新
定価 本体 1,800 円＋税　ISBN:9784775990131

相場の仕組みを明確に理解するうえで最も大事な「実需と仮需」。この株価変動の本質を54の設問を通して徹底的に理解する。本書で得た知識は、自分で材料を判断し、相場観を組み立て、実際に売買するときに役立つだろう。

マンガ 生き残りの株入門の入門 あなたは投資家？投機家？
原作：矢口新　作画：てらおかみちお
定価 本体 1,800 円＋税　ISBN:9784775930274

タイトルの「入門の入門」は「いろはレベル」ということではない。最初から相場の本質を知るべきだという意味である。図からイメージすることで、矢口氏の相場哲学について、理解がさらに深まるはずだ。

トレード基礎理論の決定版!!

投資苑
ウィザードブックシリーズ9
著者：アレキサンダー・エルダー

世界各国ロングセラー
13カ国語へ翻訳―日本語版ついに登場！

定価 本体5,800円＋税　ISBN:9784939103285

【トレーダーの心技体とは？】
それは3つのM「Mind＝心理」「Method＝手法」「Money＝資金管理」であると、著者のエルダー医学博士は説く。そして「ちょうど三脚のように、どのMも欠かすことはできない」と強調する。本書は、その3つのMをバランス良く、やさしく解説したトレード基本書の決定版だ。世界13カ国で翻訳され、各国で超ロングセラーを記録し続けるトレーダーを志望する者は必読の書である。

投資苑2
ウィザードブックシリーズ56
著者：アレキサンダー・エルダー

エルダー博士のトレーディングルームを誌上訪問してください！

定価 本体5,800円＋税　ISBN:9784775970171

【心技体をさらに極めるための応用書】
「優れたトレーダーになるために必要な時間と費用は？」「トレードすべき市場とその儲けは？」「トレードのルールと方法、資金の分割法は？」――『投資苑』の読者にさらに知識を広げてもらおうと、エルダー博士が自身のトレーディングルームを開放。自らの手法を惜しげもなく公開している。世界に絶賛された「3段式売買システム」の威力を堪能してほしい。

ウィザードブックシリーズ50
投資苑がわかる203問

著者：アレキサンダー・エルダー　　定価 本体2,800円＋税　　ISBN:9784775970119

分かった「つもり」の知識では知恵に昇華しない。テクニカルトレーダーとしての成功に欠かせない3つのM（心理・手法・資金管理）の能力をこの問題集で鍛えよう。何回もトライし、正解率を向上させることで、トレーダーとしての成長を自覚できるはずだ。

投資苑2 Q&A

著者：アレキサンダー・エルダー　　定価 本体2,800円＋税　　ISBN:9784775970188

『投資苑2』は数日で読める。しかし、同書で紹介した手法や技法のツボを習得するには、実際の売買で何回も試す必要があるだろう。そこで、この問題集が役に立つ。あらかじめ洞察を深めておけば、いたずらに資金を浪費することを避けられるからだ。

アレキサンダー・エルダー博士の投資レクチャー

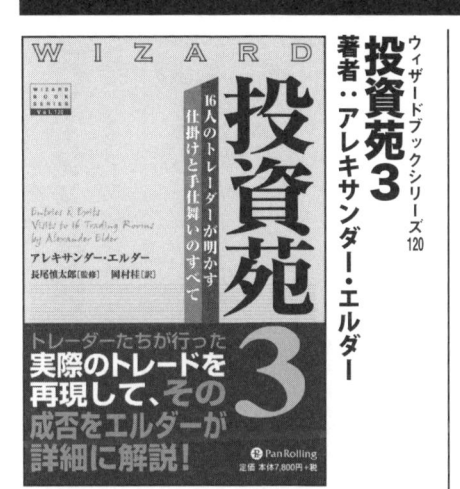

ウィザードブックシリーズ120 投資苑3
著者：アレキサンダー・エルダー

定価 本体7,800円+税　ISBN:9784775970867

【どこで仕掛け、どこで手仕舞う】
「成功しているトレーダーはどんな考えで仕掛け、なぜそこで手仕舞ったのか！」――16人のトレーダーたちの売買譜。住んでいる国も、取引する銘柄も、その手法もさまざまな16人のトレーダーが実際に行った、勝ちトレードと負けトレードの仕掛けから手仕舞いまでを実際に再現。その成否をエルダー博士が詳細に解説する。ベストセラー『投資苑』シリーズ、待望の第3弾！

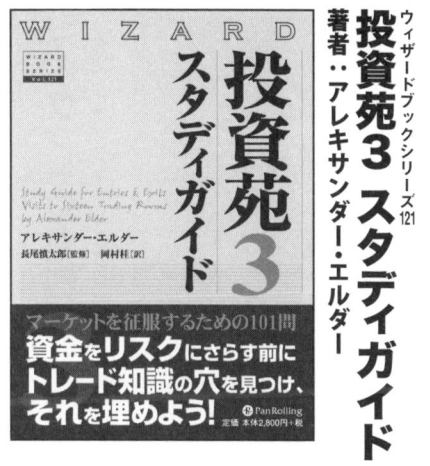

ウィザードブックシリーズ121 投資苑3 スタディガイド
著者：アレキサンダー・エルダー

定価 本体2,800円+税　ISBN:9784775970874

【マーケットを理解するための101問】
トレードで成功するために必須の条件をマスターするための『投資苑3』副読本。トレードの準備、心理、マーケット、トレード戦略、マネージメントと記録管理、トレーダーの教えといった7つの分野を、25のケーススタディを含む101問の問題でカバーする。資金をリスクにさらす前に本書に取り組み、『投資苑3』と併せて読むことでチャンスを最大限に活かすことができる。

DVD トレード成功への3つのM ～心理・手法・資金管理～

講演：アレキサンダー・エルダー　定価 本体4,800円+税　ISBN:9784775961322

世界中で500万部超の大ベストセラーとなった『投資苑』の著者であり、実践家であるアレキサンダー・エルダー博士の来日講演の模様をあますところ無く収録。本公演に加え当日参加者の貴重な生の質問に答えた質疑応答の模様も収録。インタビュアー：林康史（はやしやすし）氏

DVD 投資苑 ～アレキサンダー・エルダー博士の超テクニカル分析～

講演：アレキサンダー・エルダー　定価 本体50,000円+税　ISBN:9784775961346

超ロングセラー『投資苑』の著者、エルダー博士のDVD登場！感情に流されないトレーディングの実践と、チャート、コンピュータを使ったテクニカル指標による優良トレードの探し方を解説、さまざまな分析手法の組み合わせによる強力な売買システム構築法を伝授する。

マーケットの魔術師シリーズ

マーケットの魔術師
ウィザードブックシリーズ 19
著者：ジャック・D・シュワッガー

定価 本体2,800円＋税　ISBN:9784939103407

【いつ読んでも発見がある】
トレーダー・投資家は、そのとき、その成長過程で、さまざまな悩みや問題意識を抱えているもの。本書はその答えの糸口を「常に」提示してくれる「トレーダーのバイブル」だ。「本書を読まずして、投資をすることなかれ」とは世界的トレーダーたちが口をそろえて言う「投資業界の常識」だ！

新マーケットの魔術師
ウィザードブックシリーズ 13
著者：ジャック・D・シュワッガー

定価 本体2,800円＋税　ISBN:9784939103346

【世にこれほどすごいヤツらがいるのか!!】
株式、先物、為替、オプション、それぞれの市場で勝ち続けている魔術師たちが、成功の秘訣を語る。またトレード・投資の本質である「心理」をはじめ、勝者の条件について鋭い分析がなされている。関心のあるトレーダー・投資家から読み始めてかまわない。自分のスタイルづくりに役立ててほしい。

ウィザードブックシリーズ 14
マーケットの魔術師　株式編《増補版》
著者：ジャック・D・シュワッガー
定価 本体2,800円＋税　ISBN:9784775970232

投資家待望のシリーズ第三弾、フォローアップインタビューを加えて新登場!!　90年代の米株の上げ相場でとてつもないリターンをたたき出した新世代の「魔術師＝ウィザード」たち。彼らは、その後の下落局面でも、その称号にふさわしい成果を残しているのだろうか？

◎アート・コリンズ著　マーケットの魔術師シリーズ

ウィザードブックシリーズ 90
マーケットの魔術師　システムトレーダー編
著者：アート・コリンズ
定価 本体2,800円＋税　ISBN:9784775970522

システムトレードで市場に勝っている職人たちが明かす機械的売買のすべて。相場分析から発見した優位性を最大限に発揮するため、どのようなシステムを構築しているのだろうか？　14人の傑出したトレーダーたちから、システムトレードに対する正しい姿勢を学ぼう！

ウィザードブックシリーズ 111
マーケットの魔術師　大損失編
著者：アート・コリンズ
定価 本体2,800円＋税　ISBN:9784775970775

スーパートレーダーたちはいかにして危機を脱したか？　局地的な損失はトレーダーならだれでも経験する不可避なもの。また人間のすることである以上、ミスはつきものだ。35人のスーパートレーダーたちは、窮地に立ったときどのように取り組み、対処したのだろうか？

心の鍛錬はトレード成功への大きなカギ！

ウィザードブックシリーズ 32
ゾーン 相場心理学入門
著者：マーク・ダグラス 
定価 本体2,800円+税　ISBN:9784939103575

【己を知れば百戦危うからず】
恐怖心ゼロ、悩みゼロで、結果は気にせず、淡々と直感的に行動し、反応し、ただその瞬間に「するだけ」の境地、つまり「ゾーン」に達した者こそが勝つ投資家になる！　さて、その方法とは？　世界中のトレード業界で一大センセーションを巻き起こした相場心理の名作が究極の相場心理を伝授する！

ウィザードブックシリーズ 114
規律とトレーダー 相場心理分析入門
著者：マーク・ダグラス 
定価 本体2,800円+税　ISBN:9784775970805

【トレーダーとしての成功に不可欠】
「仏作って魂入れず」――どんなに努力して素晴らしい売買戦略をつくり上げても、心のあり方が「なっていなければ」成功は難しいだろう。つまり、心の世界をコントロールできるトレーダーこそ、相場の世界で勝者となれるのだ！　『ゾーン』愛読者の熱心なリクエストにお応えして急遽刊行！

ウィザードブックシリーズ 107
トレーダーの心理学
トレーディングコーチが伝授する達人への道
著者：アリ・キエフ
定価 本体2,800円+税　ISBN:9784775970737

高名な心理学者でもあるアリ・キエフ博士がトップトレーダーの心理的な法則と戦略を検証。トレーダーが自らの潜在能力を引き出し、目標を達成させるアプローチを紹介する。

ウィザードブックシリーズ 124
NLPトレーディング
投資心理を鍛える究極トレーニング
著者：エイドリアン・ラリス・トグライ
定価 本体3,200円+税　ISBN:9784775970904

NLPは「神経言語プログラミング」の略。この最先端の心理学を利用して勝者の思考術をモデル化し、トレーダーとして成功を極めるために必要な「自己管理能力」を高めようというのが本書の趣旨である。

ウィザードブックシリーズ 126
トレーダーの精神分析
自分を理解し、自分だけのエッジを見つけた者だけが成功できる
著者：ブレット・N・スティーンバーガー
定価 本体2,800円+税　ISBN:9784775970911

トレードとはパフォーマンスを競うスポーツのようなものである。トレーダーは自分の強み（エッジ）を見つけ、生かさなければならない。そのために求められるのが「強靭な精神力」なのだ。

相場で負けたときに読む本 ～真理編～
著者：山口祐介
定価 本体1,500円+税　ISBN:9784775990469

なぜ勝者は「負けても」勝っているのか？　なぜ敗者は「勝っても」負けているのか？　10年以上勝ち続けてきた現役トレーダーが相場の"真理"を詩的に表現。

※投資心理といえば『投資苑』も必見!!

売買技術を極める

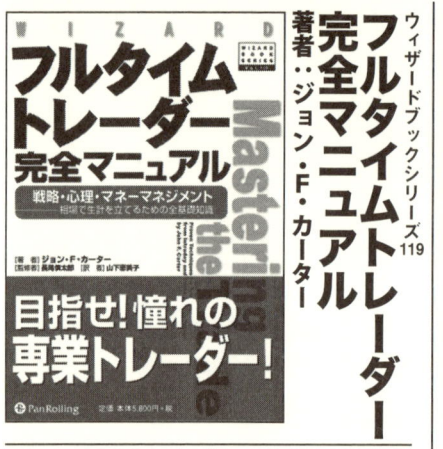

ウィザードブックシリーズ119
フルタイムトレーダー完全マニュアル
著者：ジョン・F・カーター

定価 本体5,800円+税　ISBN:9784775970850

【トレードで自立するために】
不可欠な知識を網羅した「真剣な初心者」必携の書。市場の仕組み、売買戦略と概念、さらにはチャートの作成方法、売買手法、資金管理技術、心理、ハードウエアとソフトウエアなど「フルタイムトレーダー」として確実に押さえておきたい項目全般を詳しく解説。

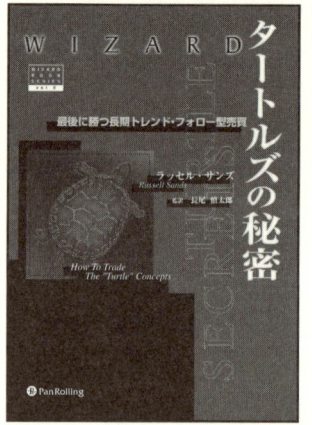

ウィザードブックシリーズ3
タートルズの秘密
著者：ラッセル・サンズ

定価 本体19,800円+税　ISBN:9784939103186

【門外不出のトレンドフォロー奥義】
80年代、一世を風靡したトレーダー集団「タートルズ」。その売買戦略は古典的20日ブレイクアウト手法を洗練・進化させたものであった。巨星リチャード・デニスとウィリアム・エックハートが多くの素人をスーパートレーダーに育てあげたノウハウが、ここにある!!

ウィザードブックシリーズ 78
スイングトレード入門
短期トレードを成功に導く最高のテクニック
著者：アラン・ファーレイ
定価 本体7,800円+税　ISBN:9784775970409

実用的なアイデアと情報にあふれた本書は、「パターンサイクル」と「トレンドと横ばい」など多くのトレーダーが見落としがちな視点から効果的な売買手法を紹介する。

ウィザードブックシリーズ 103
アペル流テクニカル売買のコツ
MACD開発者が明かす勝利の方程式
著者：ジェラルド・アペル
定価 本体5,800円+税　ISBN:9784775970690

MACD指標の開発者として知られる現役ファンドマネジャーが、サイクル、トレンド、モメンタム、出来高シグナルなどを用いて相場動向を予測する手法を明らかにしている。

ウィザードブックシリーズ 6
ヒットエンドラン株式売買法
著者：ジェフ・クーパー
定価 本体17,800円+税　ISBN:9784939103247

著者が株の短期売買で成功するのに有効だった4つの主要戦略、9つの短期順張り戦略、7つ短期逆張り戦略を具体的かつ詳細に紹介。テクニカル分析の奥義がここにある!

ウィザードブックシリーズ 80
ディナポリの秘数　フィボナッチ売買法
著者：ジョー・ディナポリ
定価 本体16,000円+税　ISBN:9784775970423

仕掛けと手仕舞い、リスクと収益。これらトレーダー最大の関心事にフィボナッチ級数が絶大な力と啓示を与えてくれることを多彩なチャートで分かりやすく解説。

トレード業界に旋風を巻き起こしたウィザードブックシリーズ!!

ウィザードブックシリーズ1
魔術師リンダ・ラリーの短期売買入門
著者:リンダ・ブラッドフォード・ラシュキ

定価 本体 28,000円+税　ISBN:9784939103032

【米国で短期売買のバイブルと絶賛】
日本初の実践的短期売買書として大きな話題を呼んだプロ必携の書。順バリ(トレンドフォロー)派の多くが悩まだ仕掛け時の「ダマシ」を逆手に取った手法(タートル・スープ戦略)をはじめ、システム化の困難な多くのパターンが、具体的な売買タイミングと併せて詳細に解説されている。

ウィザードブックシリーズ2
ラリー・ウィリアムズの短期売買法
著者:ラリー・ウィリアムズ

定価 本体 9,800円+税　ISBN:9784939103063

【トレードの大先達に学ぶ】
短期売買で安定的な収益を維持するために有効な普遍的な基礎が満載された画期的な書。著者のラリー・ウィリアムズは30年を超えるトレード経験を持ち、多くの個人トレーダーを自立へと導いてきたカリスマ。事実、本書に散りばめられたヒントを糧に成長したと語るトレーダーは多い。

ウィザードブックシリーズ 51・52
バーンスタインのデイトレード【入門・実践】
著者:ジェイク・バーンスタイン　定価(各)本体7,800円+税
ISBN:(各)9784775970126　9784775970133

「デイトレードでの成功に必要な資質が自分に備わっているのか？」「デイトレーダーとして人生を切り開くため、どうすべきか？」──本書はそうした疑問に答えてくれるだろう。

ウィザードブックシリーズ 130
バーンスタインのトレーダー入門
著者:ジェイク・バーンスタイン
定価 本体 5,800円+税
ISBN:9784775970966

ヘッジファンドマネジャー、プロのトレーダー、マネーマネジャーが公表してほしくなかった秘訣が満載!　30日間で経済的に自立したトレーダーになる!

ウィザードブックシリーズ 53
ターナーの短期売買入門
著者:トニ・ターナー
定価 本体 2,800円+税
ISBN:9784775970140

「短期売買って何？」という方におススメの入門書。明確なアドバイス、参考になるチャートが満載されており、分かりやすい説明で短期売買の長所と短所がよく理解できる。

ウィザードブックシリーズ 37
ゲイリー・スミスの短期売買入門
著者:ゲイリー・スミス
定価 本体 2,800円+税
ISBN:9784939103643

20年間、大勝ちできなかった「並以下」の個人トレーダーが15年間、勝ち続ける「100万ドル」トレーダーへと変身した理由とは？　個人トレーダーに知識と勇気をもたらす良書。

バリュー株投資の真髄!!

ウィザードブックシリーズ4
バフェットからの手紙
著者:: ローレンス・A・カニンガム

定価 本体 1,600円＋税　ISBN:9784939103216

【世界が理想とする投資家のすべて】
「ラリー・カニンガムは、私たちの哲学を体系化するという素晴らしい仕事を成し遂げてくれました。本書は、これまで私について書かれたすべてのなかで最も優れています。もし私が読むべき一冊の本を選ぶとしたら、迷うことなく本書を選びます」
──ウォーレン・バフェット

ウィザードブックシリーズ 87・88
新 賢明なる投資家
著者:: ベンジャミン・グレアム
ジェイソン・ツバイク

定価（各）本体 3,800円＋税　ISBN:（上）9784775970492
（下）9748775970508

【割安株の見つけ方とバリュー投資を成功させる方法】
古典的名著に新たな注解が加わり、グレアムの時代を超えた英知が今日の市場に再びよみがえる！　グレアムがその「バリュー投資」哲学を明らかにした『賢明なる投資家』は、1949年に初版が出版されて以来、株式投資のバイブルとなっている。

ウィザードブックシリーズ 10
賢明なる投資家
著者：ベンジャミン・グレアム
定価（各）本体 3,800円＋税
ISBN:9784939103292

ウォーレン・バフェットが師と仰ぎ、尊敬したベンジャミン・グレアムが残した「バリュー投資」の最高傑作！　「魅力のない二流企業株」や「割安株」の見つけ方を伝授する。

ウィザードブックシリーズ 116
麗しのバフェット銘柄
著者:メアリー・バフェット、デビッド・クラーク
定価 本体 1,800円＋税
ISBN:9784775970829

なぜバフェットは世界屈指の大富豪になるまで株で成功したのか？　本書は氏のバリュー投資術「選別的逆張り法」を徹底解剖したバフェット学の「解体新書」である。

ウィザードブックシリーズ 44
証券分析【1934年版】
著者：ベンジャミン・グレアム、デビッド・L・ドッド
定価 本体 9,800円＋税
ISBN:9784775970058

グレアムの名声をウォール街で不動かつ不滅なものとした一大傑作。ここで展開されている割安な株式や債券のすぐれた発掘法は、今も多くの投資家たちが実践して結果を残している。

ウィザードブックシリーズ 125
アラビアのバフェット
著者：リズ・カーン
定価 本体 1,890円＋税
ISBN:9784775970928

バフェットがリスペクトする米以外で最も成功した投資家、アルワリード本の決定版！　この1冊でアルワリードのすべてがわかる！　3万ドルを230億ドルにした「伸びる企業への投資」の極意

逆バリ投資のツールと精神!!

ウィザードブックシリーズ 142
ダウの犬投資法
著者:マイケル・B・オヒギンズ

定価 本体 1,800 円+税　ISBN:9784775971093

【大型株の簡単逆張り投資法】
世界を代表する米国企業30社で構成される株価指数「ダウ工業株価平均」。ピンチはチャンスとばかりにその中の"負け犬銘柄"に投資をして、復活によるリターンを狙うのが「ダウの犬投資法」だ！ 50万円の資金から始められる低リスクで高リターンな投資戦略を3つの基本パターンで紹介する。

ウィザードブックシリーズ 26
ウォール街で勝つ法則
著者:ジェームズ・P・オショーネシー

定価 本体 5,800 円+税　ISBN:9784939103506

【株式評価分析のバイブル】
「どの投資戦略を採用すれば勝つのか？」「株価上昇の最も確実な要因とは何か？」「バリュー株投資と成長株投資のいずれが優れているのか？」「PERは重要か？」「PBRとは何か？」「PSRの有効な利用法とは？」……。こうした疑問を長期のデータで分析、多くの驚くべき発見を開示している。

ウィザードブックシリーズ 16
カウンターゲーム
著者:アンソニー・M・ガレア、ウィリアム・パタロンⅢ世
定価 本体 2,800 円+税
ISBN:9784939103377

幸福の絶頂で売り、恐怖の真っただ中で買う「逆張り」。バフェットをはじめ多くの成功者の思考法だ。人間の特性と逆の行動をとるためのルール、ノウハウ、戦略を具体的に紹介する。

ウィザードブックシリーズ 22
株の天才たち
著者:ニッキー・ロス
定価 本体 1,800 円+税
ISBN:9784775970546

ウォーレン・バフェット、ベンジャミン・グレアム、フィル・フィッシャー、T・ロウ・プライス、ジョン・テンプルトン。世界で最も偉大な5人の伝説的ヒーローが伝授する投資成功戦略。

ウィザードブックシリーズ 135
マーケットの魔術師【オーストラリア編】
著者:アンソニー・ヒューズ、ジェフ・ウィルソン、マシュー・キッドマン
定価 本体 2,800 円+税
ISBN:9784775971017

知る人ぞ知る金融先進国オーストラリアで株式投資に成功した16人へのインタビュー集。相場の変動に惑わされず長期的な視野に立って運用を一貫してきた名人の哲学とは！

ウィザードブックシリーズ 131～133
資産価値測定総論 1～3
著者:アスワス・ダモダラン
定価(各) 本体 5,800 円+税
ISBN:(1)9784775970973 (2)-70980 (3)-70997

米国のMBAや大学で使われている「実用書」。投資のカギは「評価」にある。株式、債券、オプション、先物、不動産…あらゆる資産の価値を数値化するためのツールとテクニックが満載。

日本のウィザードが語る株式トレードの奥義

生涯現役の株式トレード技術
著者：優利加
定価 本体2,800円＋税　ISBN:9784775990285

【ブルベア大賞2006-2007受賞!!】
生涯現役で有終の美を飾りたいと思うのであれば「自分の不動の型＝決まりごと」を作る必要がある。本書では、その「型」を具体化した「戦略＝銘柄の選び方」「戦術＝仕掛け・手仕舞いの型」「戦闘法＝建玉の仕方」をどのようにして決定するか、著者の経験に基づいて詳細に解説されている。

実力をつける信用取引　売買戦略からリスク管理まで
著者：福永博之
定価 本体2,800円＋税　ISBN:9784775990445

【転ばぬ先の杖】
「あなたがビギナーから脱皮したいと考えている投資家なら、信用取引を上手く活用できるようになるべきでしょう」と、筆者は語る。投資手法の選択肢が広がるので、投資で勝つ確率が高くなるからだ。「正しい考え方」から「具体的テクニック」までが紹介された信用取引の実践に最適な参考書だ。

生涯現役の株式トレード技術【生涯現役のための海図編】
著者：優利加
定価 本体5,800円＋税　ISBN:9784775990612

数パーセントから5％（多くても10％ぐらい）の利益を、1週間から2週間以内に着実に取りながら"生涯現役"を貫き通す。そのためにすべきこと、決まっていますか？　そのためにすべきこと、わかりますか？

DVD　生涯現役のトレード技術【銘柄選択の型と検証法編】
講師：優利加　定価 本体3,800円＋税
DVD1枚 95分収録　ISBN:9784775961582

ベストセラーの著者による、その要点確認とフォローアップを目的にしたセミナー。激変する相場環境に振り回されずに、生涯現役で生き残るにはどうすればよいのか？

DVD　生涯現役の株式トレード技術 実践編
講師：優利加　定価 本体38,000円＋税
DVD2枚組 356分収録　ISBN:9784775961421

著書では明かせなかった具体的な技術を大公開。4つの利（天、地、時、人）を活用した「相場の見方の型」と「スイングトレードのやり方の型」とは？　その全貌が明らかになる!!

DVDブック　4つの組み合わせで株がよくわかる テクニカル分析MM法
著者：増田正美　定価 本体3,800円＋税
DVD1枚 72分収録　ISBN:9784775961216

MM（マネー・メーキング）法は、ボリンジャーバンド、RSI、DMI、MACDの4つの指標で構成された銘柄選択＋売買法。DVDとテキストを活用して知識を効率的に蓄積させよう！

満員電車でも聞ける！オーディオブックシリーズ

本を読みたいけど時間がない。
効率的かつ気軽に勉強をしたい。
そんなあなたのための耳で聞く本。
それがオーディオブック!!

パソコンをお持ちの方は Windows Media Player、iTunes、Realplayer で簡単に聴取できます。また、iPod などの MP3 プレーヤーでも聴取可能です。
■CDでも販売しております。詳しくは HP で──

オーディオブックシリーズ 12
規律とトレーダー
著者：マーク・ダグラス

定価 本体 3,800 円＋税（ダウンロード価格）
MP3 約440分 16 ファイル 倍速版付き

ある程度の知識と技量を身に着けたトレーダーにとって、能力を最大限に発揮するため重要なもの。それが「精神力」だ。相場心理学の名著を「瞑想」しながら熟読してほしい。

オーディオブックシリーズ 14
マーケットの魔術師 大損失編
著者：アート・コリンズ

定価 本体 4,800 円＋税（ダウンロード価格）
MP3 約610分 20 ファイル 倍速版付き

窮地に陥ったトップトレーダーたちはどうやって危機を乗り切ったか？夜眠れぬ経験や神頼みをしたことのあるすべての人にとっての必読書！

オーディオブックシリーズ 11
バフェットからの手紙

「経営者」「起業家」「就職希望者」のバイブル
究極・最強のバフェット本

オーディオブックシリーズ 13
賢明なる投資家

市場低迷の時期こそ、威力を発揮する「バリュー投資のバイブル」日本未訳で「幻」だった古典的名著がついに翻訳

オーディオブックシリーズ 5
生き残りのディーリング決定版

相場で生き残るための100の知恵。通勤電車が日々の投資活動を振り返る絶好の空間となる。

オーディオブックシリーズ 8
相場で負けたときに読む本 〜真理編〜

敗者が「敗者」になり、勝者が「勝者」になるのは必然的な理由がある。相場の"真理"を詩的に紹介。

ダウンロードで手軽に購入できます!!

パンローリングHP http://www.panrolling.com/
（「パン発行書籍・DVD」のページをご覧ください）

電子書籍サイト「でじじ」 http://www.digigi.jp/

チャートギャラリーでシステム売買

DVD チャートギャラリーで今日から動く日本株売買システム
著者：往住啓一

Wizard Seminar DVD Library
チャートギャラリーで今日から動く日本株売買システム
マウスと数字だけで簡単に売買システム作成 プログラミングの知識は必要なし！！
講師：往住啓一

定価 本体 10,000 円＋税　ISBN：9784775962527

個別株4000銘柄で30年間通用するシンプルな短期売買ルールとは!?　東証、大証、名証、新興市場など合計すると、現在日本には約4000～4500銘柄くらいの個別株式が上場されています。その中から短期売買可能な銘柄の選び方、コンピュータでのスクリーニング方法、誰でもわかる単純なルールに基づく仕掛けと手仕舞いについて解説します。

「株」はチャートでわかる！[増補改訂版]
著者：パンローリング編

[増補改訂版]
テクニカル分析の練習からシステムトレード環境の構築まで
パンローリング編
「株」はチャートでわかる！
『チャートギャラリー』試用版CD-ROM付き
教科書にはないマーケットの魔術師による
実践的テクニカル短期売買法を日本市場で検証
例えば…タートルスープ
伝説のトレーダー集団「タートルズ」の中長期戦略を逆手に取った短期売買法である

定価 本体 2,800 円＋税　ISBN：9784775990605

1999年に邦訳版が発行され、今もなお日本のトレーダーたちに大きな影響を与え続けている『魔術師リンダ・ラリーの短期売買入門』『ラリー・ウィリアムズの短期売買法』（いずれもパンローリング）。こうした世界的名著に掲載されている売買法のいくつかを解説し、日本株や先物市場で検証する方法を具体的に紹介するのが本書『株はチャートでわかる！』である。

魔術師リンダ・ラリーの短期売買入門
著者：リンダ・ブラッドフォード・ラシュキ, L・A・コナーズ
定価 本体 28,000 円＋税　ISBN：9784939103032

国内初の実践的な短期売買の入門書。具体的な例と豊富なチャートパターンでわかりやすく解説してあります。著者の1人は新マーケットの魔術師でインタビューされたリンダ・ラシュキ。古典的な指標ですら有効なことを証明しています。

ラリー・ウィリアムズの短期売買法
著者：ラリー・ウィリアムズ
定価 本体 9,800 円＋税　ISBN：9784939103063

マーケットを動かすファンダメンタルズとは、3つの主要なサイクルとは、いつトレードを仕切るのか、勝ちトレードを抱えるコツは、……ウイリアムズが答えを出してくれている。

フルタイムトレーダー完全マニュアル
著者：ジョン・F・カーター
定価 本体 5,800 円＋税　ISBN：9784775970850

トレードで経済的自立をするための「虎の巻」！ステップ・バイ・ステップで分かりやすく書かれた本書は、これからトレーダーとして経済的自立を目指す人の必携の書である。

自動売買ロボット作成マニュアル
著者：森田佳佑
定価 本体 2,800 円＋税　ISBN：9784775990391

本書は「マイクロソフト社の表計算ソフト、エクセルを利用して、テクニカル分析に関する各工程を自動化させること」を目的にした指南書である。

Chart Gallery 4.0 for Windows

パンローリング相場アプリケーション
チャートギャラリー
Established Methods for Every Speculation

最強の投資環境

成績検証機能が加わって新発売！

検索条件の成績検証機能 [New] [Expert]

指定した検索条件で売買した場合にどれくらいの利益が上がるか、全銘柄に対して成績を検証します。検索条件をそのまま検証できるので、よい売買法を思い付いたらその場でテスト、機能するものはそのまま毎日検索、というように作業にむだがありません。

表計算ソフトや面倒なプログラミングは不要です。マウスと数字キーだけであなただけの売買システムを作れます。利益額や合計だけでなく、最大引かされ幅や損益曲線なども表示するので、アイデアが長い間安定して使えそうかを見積もれます。

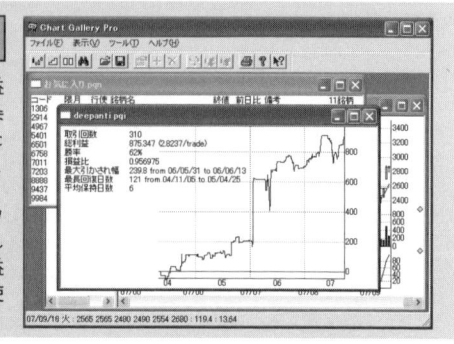

チャートギャラリープロに成績検証機能が加わって、無敵の投資環境がついに誕生!!
投資専門書の出版社として8年、数多くの売買法に触れてきた成果が凝縮されました。いつ仕掛け、いつ手仕舞うべきかを客観的に評価し、きれいで速いチャート表示があなたのアイデアを形にします。

●価格（税込）

チャートギャラリー 4.0
エキスパート **147,000 円** ／ プロ **84,000 円** ／ スタンダード **29,400 円**

●アップグレード価格（税込）

以前のチャートギャラリーをお持ちのお客様は、ご優待価格で最新版へ切り替えられます。
お持ちの製品がご不明なお客様はご遠慮なくお問い合わせください。

プロ2、プロ3、プロ4からエキスパート4へ	105,000 円
2、3からエキスパート4へ	126,000 円
プロ2、プロ3からプロ4へ	42,000 円
2、3からプロ4へ	63,000 円
2、3からスタンダード4へ	10,500 円

がんばる投資家の強い味方 Traders Shop

http://www.tradersshop.com/

24時間オープンの投資家専門店です。

パンローリングの通信販売サイト「**トレーダーズショップ**」は、個人投資家のためのお役立ちサイト。書籍やビデオ、道具、セミナーなど、投資に役立つものがなんでも揃うコンビニエンスストアです。

他店では、入手困難な商品が手に入ります!!

- 投資セミナー
- 一目均衡表 原書
- 相場ソフトウェア
  チャートギャラリーなど多数
- 相場予測レポート
  フォーキャストなど多数
- セミナーDVD
- オーディオブック

ここでしか入手できないモノがある。

さあ、成功のためにがんばる投資家は
いますぐアクセスしよう!

トレーダーズショップ 無料 メールマガジン

●無料メールマガジン登録画面

トレーダーズショップをご利用いただいた皆様に、**お得なプレゼント**、今後の**新刊情報**、著者の方々が書かれた**コラム**、**人気ランキング**、ソフトウェアのバージョンアップ情報、そのほか投資に関するちょっとした情報などを定期的にお届けしています。

まずはこちらの
「**無料メールマガジン**」
からご登録ください!
または info@tradersshop.com まで。

パンローリング株式会社
お問い合わせは

〒160-0023 東京都新宿区西新宿 7-9-18-6F
Tel:03-5386-7391 Fax:03-5386-7393
http://www.panrolling.com/
E-Mail info@panrolling.com

携帯版